JN101162

現代日本経済史

現場記者50年の証言

産経新聞特別記者・編集委員兼論説委員
田村秀男

ワニ・プラス

はじめに

一九七〇（昭和四五）年四月に記者として岡山を自転車で駆け回って以来、気がつくと五三年近い月日が経ちました。

銃弾が飛び交う戦場に臨んだことはない経済記者ひと筋です。それは平穏無事で、ふむふむとばかり、取材したことを書き連ねて給料をいただいていればよいといった、どこにでもある日常のように思われるかもしれません。

しかし、実際の経済活動はドラマと刺激に満ちています。剛腕で鳴る経営者、天才的な技術者、偏差値の高いエリート官僚、覇権国米国の仕掛け人、カネ好きの中国の共産主義者など、果てしない生身の人間の欲望、野心、多様な権力者の策謀と苦悩が無数に入り交じって形成されるのが経済です。

そうした経済現場に立つ主役や脇役たちと接することができる記者は、しばしば刺激と興奮に酔います。ときには筆先が進まずいくら脳味噌《のうみそ》を絞っても、締め切り時間に間に合わないという恐怖にも襲われます。

それでも、経済記者には経済学者や官僚、政治家にはできない役割があり、それが生き甲斐《がい》にもなります。司馬遼太郎《しばりょうたろう》さんが言っていたという微かな記憶からすれば、記者とは暗闇の虚空に潜む忍者のようなもので、ひそかに観察しながら、タイミング良く現場に降り立って筆で斬り結ぶというイメージでしょうか。

当事者以外では誰も知らないことを聞き分け、発掘し、ときには当事者に立ち向かう。いや、経済記者にはさらに格好の武器があります。データです。すべてが金額で表わされる資本主義社会だからこそ、経済現象はデータで見ることができます。

幸いなことに、役所のデータ公開やインターネットのおかげで、数値を読み解く能力さえ身につけ、現場取材と照合すれば、百戦危うからずといったところでしょう。それは私が目指す経済ジャーナリズムの理想であり、到達の域にはほど遠いです。

そんな具合ではありますが、節目節目の断面を切り取るようにして、一経済記者が現場で体験した日本経済の五〇年史を書きつづってみました。

最後になりましたが、本書を読者の皆さんに届けられたのは、フリーライターの前屋毅さんの丁寧な編集協力のお蔭です。感謝の念にたえません。

田村秀男

第一章　一九七〇年代前半――高度成長期の終焉

第二章 一九七〇年代後半――ショック続きの日本列島

第三章 一九八〇年代——転換の時代

第四章　一九九〇年代——激動の時代

第五章 二〇〇〇年代以降――課題山積の時代

第一章

高度成長期の終焉

一九七〇年代前半——

よど号ハイジャック事件

羽田空港（東京国際空港）発板付《いたづけ》空港（現・福岡空港）行きの定期旅客便だった日本航空三五一便「よど号」が、共産主義者同盟赤軍派を名乗る九人によってハイジャックされたのは、一九七〇（昭和四五）年三月三一日のことでした。そのニュースを私が知ったのは、当時の国鉄山手線、高田馬場《たかだのばば》駅で電車に乗ろうとしていたときです。

六〇年代半ばからベトナム戦争反対などで学生運動がさかんになり、一九六七（昭和四二）年一〇月八日と一一月一二日には羽田空港近くで、当時の佐藤栄作《さとうえいさく》首相の外国訪問を実力で阻止しようとする新左翼と機動隊が衝突する事件も起きていました。いわゆる、羽田事件（羽田闘争）です。このとき新左翼はヘルメットに角材で〝武装〟しており、このスタイルが以降の学生運動の定番スタイルになっていき、学生運動は過激化していきます。

赤軍派も、そうした過激化した新左翼のグループで、国内での非合法闘争のために海外に支援ベース（基地）を設けようとしていました。そのために彼らが選んだのが北朝鮮（朝鮮民主主義人民共和国）でした。日本と国交のない北朝鮮に渡るために、彼らはハイジャックという手段を選んだわけです。

そのニュースに、すごい衝撃を受けました。それは、私だけではなかったはずです。そのニュースを聞いて、「よく、やるな」とあきれもしました。

そのとき、早稲田大学政治経済学部経済学科を卒業した私は、翌月から日本経済新聞社で記者として働くことが決まっていました。もしも本社社会部への配属であれば、この事件に私自身も記者として巻き込まれていたかもしれません。

日経の新人の多くは東京か大阪の本社勤務ですが、私の場合、岡山支局への配属が決まっていて、翌日には赴任することになっていました。日本中を驚かせたニュースでも、岡山支局の記者には無関係です。

高田馬場から私が向かったのは、新宿にある百貨店「伊勢丹」でした。社会人の必需品といえばスーツで、それを買うためでした。とはいえ、定価で買えばスーツ一着が一万円はしたはずです。当時でも、一万円では足りなかったかもしれない。当時の大卒初任給の平均が三万九〇〇〇円の時代に、スーツは高級品でした。これから毎日着るとなれば、一着では間に合わない。それを卒業したばかりの、まだ初任給ももらっていない身でポンと買えるわけがない。

そこで、伊勢丹でした。もちろん、ほんとうなら一流百貨店のスーツなど買えるわけがないのですが、大学の先輩が勤めていたのです。その先輩に「手元に現金が一万円たらずしかないんですけど、三着くらい何とかなりませんか」と相談したら、「お前、一万円で三着も買えると思ってるのか」と、当然ながらあきれられました。それでも倉庫みたいなところに連れて行かれて「好きなのを三着選べ」と言われ、一万円で三着を手に入れました。社員割り引きとか「裏の手」を使ってくれたのか、それとも先輩が自腹で負担してくれたのか、そのあたりは怖くて確認していません。

当時は好景気のなかにあったので、先輩も上機嫌でした。一九六四（昭和三九）年一〇月一〇日には、日本が高度経済成長による戦後復興を世界に向けてアピールした東京オリンピックが開催されています。しかし大会終了直後から日本の景気は落ち込み、大型倒産が相次ぐ最悪の状況になっていきます。東京オリンピックが、高度経済成長のフィナーレとなるイベントになってしまったわけです。

しかし、一九六五（昭和四〇）年一〇月からは好景気に突入します。一九七〇（昭和四五）年七月まで続く、戦後最長となる好景気で、「いざなぎ景気」と命名されました。それも消費拡大が牽引《けんいん》する好景気で、人々の暮らしの憧れとしてカラーテレビ、クーラー、マイカーが「新・三種の神器」と呼ばれ、急速に広まっていきました。新・三種の神器と「新」がついているのは、高度経済成長の幕開けとなる一九五四（昭和二九）年に始まった大型景気「神武景気」のときに、白黒テレビ、電気冷蔵庫、電気洗濯機が「三種の神器」と呼ばれたからです。

ともかく、私が大学を卒業した一九七〇年の三月は、かろうじていざなぎ景気が続いていました。だから、百貨店やスーパーは活気に満ちていました。

就職も楽な時代でした。私の大学の同期たちは、四年生になる前に内定をもらっている者が多い。春休み明けにキャンパスで会うと「田村、お前はどこに決まった」と聞かれて驚いたものでした。ノンビリ屋の私は四月以降、正式な入社試験を受けて就職先を決めるものだと思い込んでいましたから。

私は新聞記者が面白そうだと漠然と考えていて、日本経済新聞社と朝日新聞社の試験を受けました。まず、日経から、一次試験合格の連絡を下宿にもらいました。長屋風の下宿で電話はありません、連絡は電報です。そこには、「スグコラレタシ」ともありました。

そこで行ってみたら、人事担当者に入社確約書を突きつけられて、「ここにサインしろ」と迫られました。私は正直なので、「朝日新聞も一次試験をパスしたので、面接の予定がありま す」と話したら、「いま、ここにサインしないと不合格にする」と言われた。困ったなと思って、「ちょっと電話させてください」と言って、大学の恩師に電話した。そうしたら、恩師に「朝日は東大閥で、早稲田卒は不利だ。一生、地方支局のどさ回りになるかもしれんぞ」と言われ、それもそうかな、と思って入社確約書にサインしました。どの新聞社も学閥は無関係だとあとでわかったのですが、当時の日経には早稲田大学出身者が多かったのはちょっとした安心感がありました。それよりも、日経の社名が示すように経済関係の部署に配属される可能性が高いのも魅力でした。大学で専攻した経済学では飽き足りず、生きた経済を追求してみたいと考えていましたから。

ともかく、日経への入社が決まりました。同期は、たしか四五人です。多そうですが、前年は七〇人くらいを採用していたので、採用人数は減っていました。私が入社した年の七月には好景気が終わるので、もしかすると、それを新聞社としては感じていたのかもしれません。

繰り返しになりますが、私が入社したころは、まだ好景気のなかです。その年の三月一四日には大阪府吹田《すいた》市の千里《せんり》丘陵で日本万国博覧会（大阪万博）が開催され、当初目標の三〇〇〇万人の倍以上にもなる六四二一万人の入場者を集めています。それも、好景気だったからだと思います。

いまなら、東京から岡山への赴任は当然ながら東海道新幹線で、と誰もが思うはずです。ところが実際は、夜行急行「瀬戸」でした。急行瀬戸は岡山県の宇野《うの》が終着駅で、岡山はそのひとつ手前です。現在は国内唯一の定期夜行寝台特急「サンライズ瀬戸」として人気を集めていますが、当時は東京から郷里の高知に帰るためには「瀬戸」で宇野まで行き、宇野駅と瀬戸内海対岸の香川県の高松駅を結ぶ「宇高《うこう》連絡船」に乗って海を渡りました（現在は廃止）。学生時代はもっぱら、この「瀬戸」を利用していました。

社会人としての最初の赴任先に向かうのも、同じ「瀬戸」でした。新幹線で大阪まで行き、そこから山陽本線の特急で岡山という旅費を会社が負担してくれるはずで、やっと新幹線に乗って夜行は避けられるはずでした。ところが東京の下宿の後始末がギリギリまで続き、出社日の午前一〇時に間に合うには、「瀬戸」しかなかったというのが真相です。それも固い座席の二等車で、まったく寝られないまま。それでも時間通りに、支局に出社しました。

大阪で途中下車して万博見物、なんて気にはまったくなりませんでした。ただ、岡山支局で働きはじめて三ヶ月くらい経ったころだったと思います。岡山支局は大阪本社の管轄で、そこの地方部長から「出張扱いにするから万博見物してこい」と言ってもらいました。それで出かけたのですが、ホテル代は出してくれません。宿泊先は新人で同期の大阪赴任組のいる独身寮に泊めてもらいました。狭っ苦しいところで、「たこ部屋」同然でした。

万博は岡本太郎さんの太陽の塔くらいしか覚えていませんが、芸術関係には疎く、「こんなふうに物事を捉える人もいるんだ」くらいにしか考えませんでした。それでも、あの奇抜で巨大な塔は高度成長のエネルギーを象徴していたんですね。それに引き寄せられた見物客はとにかく多いも多い、すごい人出でした。

公害に出合う

日経岡山支局は支局長と私だけ。つまり、ふたりだけでした。支局長からは、「普段は県庁の県政クラブにいればいい」と指示を受けました。記者クラブです。ちゃんと机があって、担当の女子職員もいたりしてお茶を出してくれる。生の地方経済を取材してみたいと思っていたのに、県庁の各部署からニュースリリースみたいなのが回ってきて、それで簡単なベタ記事を書く。それで日が暮れると、他社の記者たちに誘われて酒を飲みに行く。新人だとバカにされそうなので、入社二、三年目くらいのフリをして付き合ったものです。冷や汗ものですね。

「こんなので、いいのかな」と疑問をもつようになって、地方特有の問題を取材してみようと考えて、以来、クラブには時折顔を出す程度にしました。新人でタクシーを使うのは気が引けて、支局長に頼み込んで自転車を買ってもらい、カメラを首からぶら下げて周辺を走り回り、何でも写真を撮りまくります。

田んぼが広がるなかに、突如、ポツンと新築住宅が建つ。都市の急速な発展で、市街地が無秩序に広がっていくのをスプロール現象というのですが、それがここにありました。

岡山県の倉敷《くらしき》市には水島《みずしま》臨海工業地帯があって、活況を呈していました。そこで働く従業員が増えていく。岡山県は気候温暖で農業も盛んで経済的にも豊かなので、どんどんマイホームを建てる。新興住宅地がどんどん出来て、スプロール現象が広がっていたわけです。

そのスプロール現象について県庁の担当課にも取材して、住宅の建設事情とか農地の転用など、写真付きで記事にしていきました。写真の現像は支局内の暗室に籠《こも》って自分でやります。そうやって、新聞記者としての仕事を学んでいった気がします。

そうしているうちに地元で深刻化してきたのが、公害問題でした。水島臨海工業地帯では、川崎製鉄や日本鉱業の製油所、三菱化成工業の化学工場などが操業を開始した一九六一（昭和三六）年くらいから公害が問題視され、倉敷市は一九六三（昭和三八）年に公害防止対策委員会を、一九六四（昭和三九）年には公害係を設置していました。

それでも、公害は深刻度を増していました。水島臨海工業地帯だけでなく、五〇年代から六〇年代にかけて、高度経済成長を牽引した重化学工業による、大気汚染や水質汚染が全国各地に広がっていました。高度経済成長の弊害ともいえます。水島臨海工業地帯も、そのまっただなかでした。

その公害問題が政治的にも大きな課題となり、国会でも集中的な審議が行われるようになったのが、私が岡山支局に赴任した一九七〇（昭和四五）年くらいからです。この年の七月には、閣議決定によって内閣に総理大臣を本部長とする公害対策本部が設けられました。

こうなると、日経岡山支局としても放っておけない問題です。公害を引きおこしている水島臨海工業地帯があり、それに対する住民運動が長く続いている岡山県の地元紙や全国紙各社の支局も総力をあげて公害問題の取材に走りはじめました。

当然、日経大阪本社からも公害取材に力を注ぐよう指示が出ます。公害問題はそれまでの経済優先路線の弊害と限界を示す国家的危機だというわけです。岡山支局のテリトリーには水島臨海工業地帯がありましたから、赴任時から公害問題をやることになるだろうという予感はありました。夏休みには東京・神田の古本屋街に行って、公害関係の本を買い漁ってきて勉強していました。

しかし地元紙はもとよりほかの全国紙の支局には何人もの記者がいるにもかかわらず、悲しいかな当方の戦力はたったのふたりです。そのうえ支局長は進出してきた大手企業から接待漬けになっています。他紙が市民の声をガンガン記事にするなかで、なかなか他紙に負けない取材での記事を載せることができない。

支局長にいたっては、「田村君、記事とはこういうふうに書くんだよ」と言い、他紙の記事のスクラップを見ながら、たまに記事を書く。「なんだ盗作じゃないか」と、私は思いましたが、口にしては言えないので、心のなかで呟《つぶや》いたのです……。

そこで、公害反対の市民運動をやっている団体を中心に取材することにしました。水島工業地帯沖で獲れる魚は油に汚染され、「異臭魚」と呼ばれる。怒れる漁師たちは獲れた魚を水島の工場の門前に運んでブチまける。地元のボス格の漁師に取材に行くと、「あんた、潜ってみればわかる。スモッグは空だけじゃない。海にもあるのだ」と名セリフを吐きます。

取材しているうちに段々とわかってきたのは、すべてがきれいごとではないということでした。漁業者も裏では問題の企業とつながっていたのです。野党の県会議員なども表向きには公害反対を口にしながら、裏では企業と取引して、献金を受ける。異臭魚問題も議員が仲介して補償金が支払われるという繰り返しで、漁業者はまるで補償金獲得のために漁に出るというのが現実だったのです。環境保全目的だけで市民運動が行われているわけではなく、利益動機も働いていたのですが、メディアは一切その部分を取り上げない。

私がそういう裏の実態を暴く記事を書いた、と言えばカッコいいのだけれど、そうもいかない。どうあろうと公害物質を出すほうが「悪」です。「正義」である反対者が裏でカネを貰っていると報じれば企業贔屓《びいき》だと痛くもない腹を探られそうなので、悩みます。人の社会というのはさまざまな欲望と大義名分、欺瞞《ぎまん》と偽善の相克なのですが、新聞もテレビも白黒をはっきりさせないとニュースにならないのか、と考え込んだものです。

そこで私が辿り着いたアプローチが、公害監視当局である県が、条例などで定めた汚染物の排出基準値を上まわっていたなど、違反の証拠を押さえたことをいち早く察知して記事にしよう、ということでした。

公害を指摘するには科学的データが必要で、一新聞記者が独自にどうにかできるものではありません。県庁は常時、調べていますが、進出企業の反発を恐れて発表しない。ならば、県の関係部局に足繁く通って信頼関係を築けば、そういう情報をリークしてもらえると踏んだのです。当然、特ダネになります。それでも他紙のようにセンセーショナルな書き方はせず、記事に付け加えるのは現地で起きている確かな事実だけに絞ります。

決して煽《あお》るような記事は書かない。どこそこの企業が県の基準を超えていた、といった記事です。

それでも、企業の反応はすごかった。地方面の二段くらいの短い記事でも、必ず文句を言ってきます。酷いところになると、「日経は企業の味方じゃないか。それなのに、お前はけしからん。飼い犬が飼い主の手を噛《か》むようなことをするな」と、露骨に言ってきたりする。もう、あきれて笑うしかありませんでした。

副知事からの呼び出し

一九七一（昭和四六）年の秋くらいだったと思いますが、たまたま県庁の記者クラブにいたら副知事室の秘書から、「田村さん、いま副知事の時間が空いてますから、副知事室にいらっしゃいませんか」という電話がありました。

そのときは、水島臨海工業地帯で操業している企業を主なターゲットにした岡山県独自の公害防止条例をつくる動きが話題になっていました。ただ、地元のメディアは、厳しい策はつくれないだろうと推測していました。水島臨海工業地帯は岡山県にとっても大きな税収源で、多くの雇用も生んでいるわけで、そもそも県知事が三顧の礼で、土下座せんばかりに懇願して誘致した大企業ばかりです。そんな相手企業に対して県が掌《てのひら》を返したかのような態度をとるのは無理だろう、せいぜい国の基準やほかの県の先例に合わせた無難な内容で妥協するだろう、と。私も、同じように考えていました。

副知事の用件は、公害防止策について意見を聞きたいということでした。私は、「水島の企業に岡山県は頭が上がらないので、厳しい公害防止策にするのは無理ですよね」と遠慮なく言わせてもらいました。そうしたら副知事は、「いや、考えています」と憤然として言いました。「えっ、厳しい内容にするんですか」と、私は思わず聞き返しました。

要するに、副知事が私を呼んだのは、県として厳しい内容の公害防止策をつくる姿勢があるとリークしたかったわけです。地元の新聞やテレビ会社だと企業との関係が密すぎるし、朝日や毎日だと、ただセンセーショナルな記事にされかねないと懸念したのではないでしょうか。そこで、担当部局の信頼が厚い私に白羽の矢を立てた、あるいは、企業への影響力が強い日経を選んだと推測しています。

私が証拠を示すよう促すと、副知事は環境部長なども呼んで、数字も挙げながら、詳しく案の説明をしてくれました。そのとき私は、一切メモをとらず、あくまでも雑談調に徹しました。必要以上に興味がある姿勢を見せると、相手を警戒させてしまいかねないと案じたからです。

何か秘めた話を開陳したいと考えている取材先に対し、ある程度の距離を置いてクールに対応していると、自分の説明が足りないから理解してもらえないと考えて、もっと興味深い内容を開陳してくれるものです。だから、メモをとらずに、数字などカギになるデータを頭のなかに入れる訓練をかねてから行っていました。それが役立った。以来、あとでの記者活動でも特ダネを取るときは同じやり方です。

副知事室での話が終わると、何食わぬ顔で記者クラブの席に戻って、聞いてきた内容をメモにしました。そして駆け足で支局に戻り記事に仕上げました。その記事は、地方版では詳報が載り、概略が全国版一面に載りました。支局発の記事が全国版の紙面に載る機会はほとんどありません。と言っても、ほんの数行の記事でしたが。

地方版向け記事は硫黄《いおう》酸《さん》化物《かぶつ》排出量や工場排水基準値を細かく報じています。文字通り、全国で前例のない厳しい内容です。

かなりの反響になるはずでした。岡山県が全国一厳しい公害防止条例をつくるなんて、地元メディアも政界も、進出企業もまさかそんなことはないと感じる話なのです。しかも、当時の知事は進出企業との癒着ぶりが県民の間でよく話題になっていたのです。

それほど衝撃的なニュースなのに地元紙もほかの全国紙も追いかけてこない。すぐにでも後追いした記事が出てこなければいけないはずなのに、どこの新聞も書いてこない。何か変です。もし、私の記憶が違っていたら、あるいは県幹部が思い付いただけの基準だったら、あるいは企業の反発で心変わりし、引っ込めてしまっているのか、それとも誤報だったのか……。楽天家の私もさすがに気になってきました。

すると、数日後、地元紙が私の記事を全面否定する記事を載せてきたのです。報じられているような厳しい公害防止策を県がつくることはない、と書いている。

もちろん、ビックリしました。副知事に担がれたのか、それとも本当にミスリードしたのか、と思います。しかし、よく読むと、内容は水島進出企業の話を引用した否定記事であり、県幹部のコメントが一切入っていません。

すぐに副知事に電話しました。「あの記事はどうしたんですか」と、たぶん詰問口調だったはずです。

副知事の答えは、「田村さん、安心してください。あなたの記事通りです。私たちはその記事通りの条例案を県議会に提出する決意は変わりありません」というものでした。私としては、それでも、圧倒的な政治的影響力をもつ水島進出企業の圧力を無視できない、まだ油断できないという気分でした。

そうしたら、水島臨海工業地帯のある倉敷市の市長が、私の記事を全面否定した地元紙の記事に怒りをあらわにしたのです。市議会で質問を受けて、地元紙の記事を全面否定した。私の記事が正しかったことを証明してくれたわけです。県知事も倉敷市長も翌年には選挙を控えています。誘致企業に配慮して住民の意に沿った汚染排出規制を手控えるようなことをすれば、政治的立場が危うくなる。民主主義の力なのだと、そのとき思いました。

そんなごたごたのなかで、川崎製鉄水島製鉄所の環境改善責任者が鉄道自殺してしまうという悲劇が起きました。私は会ったことはありませんでしたが、非常に真面目な性格の方だったようで、個人的には公害防止設備の導入には積極的でしたが、県が導入しようとする環境基準が厳しすぎるとして、上司が拒否する。会社員としては会社の方針と自治体の対立の板挟みになって、ずいぶん悩んでおられたと聞いています。

それくらい難しい交渉だったわけですが、その年の一一月二九日、倉敷市は川崎製鉄グループと公害防止協定を締結します。続いて翌年の二月二三日には、岡山県と倉敷市、三菱石油、日本鉱業の四者間で公害防止協定が成立しました。私が記事で報じた通りの、全国一厳しい公害規制でした。

ただ、私は岡山支局に三年いましたが、その間に公害の問題が画期的に改善されたという印象はありません。高度成長の裏にある公害は、そう簡単な問題ではなかったということです。

日米繊維交渉と岡山県

一九七二（昭和四七）年一月三日に「日米繊維協定」が締結されます。岡山県は国内屈指の繊維産地で、刀の下げ緒や帯留めなどに使われる真田紐《さなだひも》、足袋《たび》、学生服、ジーンズなどの時代に合わせた品を世に送りだしています。そんなわけで、日米繊維協定は大きな影響を受けるので、岡山支局の記者としても大きなテーマになりました。

日米繊維摩擦は、戦後の日米間で起きた最初の貿易摩擦です。一九五五（昭和三〇）年に米国が繊維製品の輸入関税を引き下げると安価な日本製品が大量に輸入され、米国の繊維産業は大打撃を受けました。以来、日米間での繊維をめぐる摩擦が続きます。

一九六九（昭和四四）年一月二〇日、第三七代米国大統領に就任したリチャード・ニクソンは、繊維規制を公約にして選挙戦を戦い、勝利しました。それだけに、日本への圧力は強まります。

一九七〇（昭和四五）年六月二二日から二四日まで、米国の首都ワシントンで宮澤喜一《みやざわきいち》通産大臣とモーリス・スタンズ商務長官との会談が行われ、スタンズ商務長官は前年一一月の佐藤栄作首相とニクソン大統領との間で交わされた「沖縄返還密約」をもちだして日本側の自主規制を求めます。密約は緊急時の核持ち込みに加え、繊維の対米輸出自主規制要求に日本側が応じるという内容でしたが、日本側は密約の存在を否定する立場をとっていたため、交渉は決裂します。その後も交渉は続き、一九七一（昭和四六）年七月に成立した第三次佐藤改造内閣で通産相に就任した田中《たなか》角栄《かくえい》氏は、九月に渡米して、政府主導による思い切った規制の実施を求めるジョン・コナリー財務長官の要求を退けます。

しかし田中通産相が帰国した直後に、「一方的な輸入制限もあり得る」という米国からの通知が届きます。ここにきて、日本側は米国の要求を呑《の》むことを決めます。この決定については、国会で田中通産相と福田《ふくだ》赳夫《たけお》外相の不信任案が出されるなど大騒ぎとなりました。それでも米国の要求を呑む姿勢は変えず、翌年の日米繊維協定の締結となるわけです。

ただ、これによって岡山県の繊維会社が倒産するということはありませんでした。というのも、自主規制での損失については、国からの補助金が出たからです。日米繊維協定については大騒ぎだったものの、最終的に決着がついたのは、補助金の力ではなかったかと思います。これについては、田中角栄氏の英断だったと思います。

地場産業というのは、思いのほか、しっかりしているというのが私の印象でした。それなりの蓄えもあるためか、業界団体が「大変だ」と騒いでいるわりには、父祖の時代から家業を継いできた経営者は泰然としている。米国への輸出が減って売上は落ちていたはずで、それなりに大変だったのでしょうが、蓄えと補助金で乗り切ったということのようです。

ドル・ショック

岡山支局時代の、もうひとつの大きな出来事といえば「ドル・ショック（ニクソン・ショック）」でした。一九七一（昭和四六）年八月一五日、ニクソン大統領が全米に向けたテレビ・ラジオで「新経済政策」を発表します。米国内で深刻化していた失業とインフレーションに対処するためのものでした。

そのなかには、米ドルと金の交換を停止する措置も含まれていました。それまで金と交換できる唯一の通貨が米ドルであり、だからこそ米ドルは世界の基軸通貨だったわけです。

戦後の国際通貨体制はＩＭＦ（国際通貨基金）を軸とした固定為替相場制で、米ドルと金の交換比率の固定を基本として各国通貨の米ドル交換比率が固定されていました。米ドルの金兌《だ》換《かん》停止は、その固定為替相場の終わりを告げ、変動為替相場制への移行を意味する発表でした。しかもニクソン発言は、事前に各国と協議、調整が行われたうえでのものではなく、突如として行われたものでした。まさにショック以外の何ものでもなかった。

当然、日本も無関係でいられるわけがありません。貿易に依存する日本経済にとっては、かなり衝撃的な出来事でした。東京にいて大蔵省（現・財務省）や日本銀行を担当していたら、私も忙殺されていたと思います。

しかし、それだけの大きな出来事でも、地方では、なんとなく他人事《ひとごと》です。それが、ドル・ショックのときに岡山にいた私の率直な印象でした。

岡山県は繊維産業の盛んな地域で輸出もしていましたから、それまでの固定為替相場制から変動為替相場制に移行すれば、大きな影響を受けることになります。それまで一ドル＝三六〇円で輸出していたのに、為替レートが一ドル＝三〇〇円に動けば、同じものを輸出しているのに、受け取れる金額は二割減ってしまいます。

大変な事態です。岡山県も天地がひっくり返ったような大騒ぎになっても不思議ではない。ところが、地場産業の経営者の間では為替レートが話題にはなるけれども、これまでの商売を見直さなければならないとか、廃業しなければならないといった切羽詰まった様子は聞こえてこない。どこか遠いところの出来事のような受け取り方だったと思います。地元経済を綿密に調査している日本銀行の岡山支店にしても、深刻な雰囲気はなかった。

当時の支店長は緒方四十郎《おがたしじゅうろう》さんで、朝日新聞社副社長から政治家に転じた緒方竹虎《おがたたけとら》の三男です。奥さんが、のちに日本人初の国連難民高等弁務官を務めた緒方貞子《おがたさだこ》さん。

ドル・ショックのあった年の一二月、忘年会を兼ねて日銀支店と記者クラブの懇談会がありました。その席で緒方さんが、「新しく決まる円・ドルの固定レートがどうなるか、皆さんの予想を紙に書いて出してください」と言いだした。余興みたいなものです。

ドル・ショックで変動為替相場制への道が開いたけれども、すぐに完全移行するには各国とも準備が整わない。そこで当分の間、米ドルに対する各国通貨の新しいレートを決めることになった。それが決まったのが、一九七一（昭和四六）年一二月一八日にワシントンにあるスミソニアン博物館で開かれた先進一〇ヶ国蔵相会議の場です。そこでの協定は「スミソニアン協定」と呼ばれています。

日銀支店との懇親会がスミソニアン協定の直前だったので、円のレートがいくらに決まるか当てるゲームをやろうというわけです。新しいレートは日本経済にとっても、岡山県経済にとっても重要な存在になるはずなのですが、ゲームにしてしまうような雰囲気だったのです。

そのとき、私が書いて提出したのは「一ドル＝三〇八円」というレートでした。新米といえども日経の記者ですから、ここでハズすと恥をかく、と思ったので真剣でした。さすがに三〇〇円を切るようなレートにはならないだろうから、三〇五円から三一〇円の間かと考えて、その中間で三〇八円としたわけです。確たる理由があるわけではなくて、正直に言うと、当てずっぽうでした。

それでも、スミソニアン協定で決まったのは一ドル＝三〇八円というレートでした。私が見事に当てたわけです。当てたのは、私だけでした。面目を保ててやれやれです。

ともかく、一ドル＝三〇八円が新しいレートになりました。一九四四（昭和一九）年に米国のブレトンウッズホテルに連合国の代表が集まって決められた為替相場安定メカニズムが「ブレトンウッズ体制」で、それを基に一ドル＝三六〇円のレートも決められました。

そのブレトンウッズ体制がドル・ショックで崩壊し、スミソニアン体制に移行したわけです。それも変動為替相場制移行までの臨時措置でしかなくて、日本も一九七三（昭和四八）年二月には変動為替相場制に移行することになります。

三六〇円から三〇八円になって大変だったはずですが、それで倒産したという話は、少なくとも私が岡山支局にいる間は聞こえてきませんでした。まだ高度成長の余韻みたいなものがあったのと、無借金経営をよしとする保守的な経営風土のある岡山ならではの耐久力です。ただし、借金をしない経営は資本主義の発展を生むアニマルスピリッツ（血気）に欠けます。

地元銀行の最大手は「中国銀行」で、名前は中国の国有商業銀行大手と同じで間違われそうですが、れっきとした伝統ある地方銀行です。同行は質実剛健を美徳とする岡山の風土を代表しています。とにかく新規融資に慎重で、やる気のある地場企業との取引に応じようとしない。あまった手元資金は銀行間の短期資金融通を行うコール市場でおもに運用する始末でした。これには日銀岡山支店もあきれていました。

そこで、経営トップに会って真意をただすと、「昭和恐慌で痛い目に遭ったので、それ以来私たちは堅実路線を貫いている」との説明です。昭和恐慌は、一九二九（昭和四）年一〇月の米国株式の大暴落に端を発した世界大恐慌が、日本に波及した三〇年代初めの大不況を指します。ともかく、同行はリスクをとらない経営で、戦後の激動を乗り切ってきたのです。

そんなことですから、岡山県は地元経済発展のために、白砂青松《はくしゃせいしょう》で知られた瀬戸内海沿岸を埋め立て、巨大な水島臨海工業地帯を造成し、重化学工業を誘致しました。公害問題はそのツケだったのです。

「日本列島改造論」ブーム

一九七二（昭和四七）年六月一一日、自由民主党総裁選挙を翌月に控えた田中角栄氏が発表した政策綱領が「日本列島改造論」でした。六月二〇日に同名で書籍が出版されるや、たちまち大ベストセラーとなります。これを政権公約にして田中氏は、七月の総裁選で勝利し、七月七日に首班指名を受けて第六四代内閣総理大臣に就任します。

日本列島改造論への反応は岡山県でもすごく、公害問題や繊維交渉、ドル・ショック以上の盛り上がりだったような印象がありました。

高速道路をはじめとする高速交通網で地域を結び、地方の工業化を促進して、地方を活性化させようというのが日本列島改造論です。これをきっかけに起きたのが、不動産投機でした。道路をつくるにも、工場をつくるにも土地が必要になります。交通が便利になって工場が建てば人も集まってくるので人口も増えて、いろいろな需要が生まれる。そこでも土地が必要とされる。そういう土地を先に手に入れておいて、高く売って儲《もう》けようという動きが起きるわけです。

岡山県という土地は、急峻《きゅうしゅん》な山がほとんどなく、山地の多くはなだらかな高原のような地形になっています。こういう土地は、ゴルフ場に最適です。しかし、わざわざ岡山県までゴルフに来る人はいないだろうと、見向きもされていなかった。

それが日本列島改造論で、高速交通網が整備されて便利になり、岡山県内や近くに企業が増えれば、ゴルフ客がやってくるに違いない、という憶測が広がります。それまで二束三文の値打ちしかなかった土地に買いが入って、一夜のうちにとんでもない値段に跳ね上がる現象が起きました。その動きが次の動きを呼んで、高値で山林原野が買われていく。

私も、さまざまな買い占められた土地を取材に行きました。しかし、とてもゴルフ場にできるような場所じゃない。だから、買収された土地が、いつまでたってもゴルフ場に開発される様子もない。

それでも取材を続けていくと、あることに気付きました。買い占められている多くの土地が、中国縦貫自動車道（中国道）が通りそうなところなのです。起点を大阪府吹田《すいた》市、終点を山口県下関《しものせき》市とする中国道は、一九六六（昭和四一）年に国土開発幹線自動車道（国幹道）の予定路線となり、一九七〇（昭和四五）年三月に吹田インターチェンジと中国豊中《とよなか》インターチェンジ間が開通します。全線開通は一九八三（昭和五八）年三月なので、ちょうど中国地方の工事も始まろうとしているところでした。その予定地を手に入れておいて、そこが道路建設地になれば、高く売れます。

その思惑と列島改造論によって、岡山県でも土地投機ブームになるわけです。どこそこの土地にこんな高値がついた、等の話でもちきりになりました。大騒ぎになりましたが、買われた土地が活用されたという話は、まったく聞かなかった。ゴルフ場もほんの一部でしかつくられなかったのではないかと思います。

新幹線開通と百貨店誘致

一九七二（昭和四七）年三月一五日に、新大阪と岡山を結ぶ山陽新幹線が「ひかりは西へ」をキャッチフレーズに開通します。当時は、「ひかり」が新幹線の主力車両でした。

この山陽新幹線に危機感をもったのが倉敷市です。岡山駅止まりでは、その先にある倉敷には観光客が足を運んでくれないと考えたからです。山陽新幹線で観光客が増えても、倉敷は恩恵を受けることができない。

街としても、岡山市のほうが大きいし賑《にぎ》やかです。第一、当時の倉敷市には百貨店もありませんでした。百貨店が繁華街の中心になっていた時代ですから、街として活気がでない。一方の岡山市には、ここに本社を置く中国地方最大の百貨店「天満屋《てんまや》」があります。どうしても倉敷市は分が悪い。

　ちなみに、のちに山陽新幹線は広島まで延びますが、倉敷駅には停まりません。山陽新幹線に「新倉敷」という駅がありますが、倉敷駅を中心とする市街地からは遠く離れたところに位置しています。山陽新幹線は倉敷市を迂回《うかい》するかたちで運行されているのです。

　ともかく、山陽新幹線に倉敷市は危機感をもっていた。倉敷市が山陽新幹線で沈んでしまわないためには、せめて百貨店を誘致して街の活性化を図るべきだ、と私は考えました。そこで、地方版に「倉敷市商工会、三越誘致へ」という見出しの記事を書きました。三越とは東京の日本橋に本店がある、あの老舗《しにせ》百貨店の「三越」です。もちろん、三越の誘致が決まっていたわけでも、そういう話があったわけでもない。三越くらい誘致すべきだ、という私の考えを商店街の組合長さんや倉敷市の幹部に伝えたら、「やりましょう」というので、「誘致へ」としたわけです。天下の三越を動かすほどの力が、若手記者にすぎない私にあるはずもない。

　いわゆる〝飛ばし記事〟でしたが、記事をきっかけに地元は本気で三越誘致に乗りだします。当時の倉敷市の商工部長は私と同年配で、自治省（現・総務省）から出向していたエリート官僚でした。その彼が、「田村さん、やりましょう！」とやる気になった。東京の三越本店に行って陳情するのですが、結果的には断られてしまいます。

　ところが、私が岡山支局から東京本社に異動になったあとの一九八〇（昭和五五）年に三越倉敷店が駅前にオープンしたのです。倉敷市が、粘り強く陳情を繰り返していたのだと思います。ただ、二〇〇五（平成一七）年五月には閉店、撤退しました。

日本と中国の国交樹立

一九七二（昭和四七）年の九月二五日、田中角栄首相が日中国交回復のために中国へ向かい、毛沢東《もうたくとう》主席と会見します。そして、九月二九日に日中共同声明を発表しました。

そこには、まず〈日本国と中華人民共和国との間のこれまでの不正常な状態は、この共同声明が発出される日に終了する。〉と書かれています。さらに、〈中華人民共和国政府は、中日両国国民の友好のために、日本国に対する戦争賠償の請求を放棄することを宣言する。〉ともあります。国交が正常化したわけです。

私の父親も二等兵として中国の戦線に駆り出された経験があって、そのころの話をよく聞かされました。ただ父親は運に恵まれていたのか、大きな戦闘に巻き込まれたことはなかったようで、中国のあちこちで撮った、わりと平和な写真をたくさん見せられました。中国の人たちのことを決して悪く言うことはなかったのです。それでも、父親は時折すごく苦しそうな夢を見て、うなされます。戦場の恐怖の体験は消え去るものではありませんが、家族には黙っていました。

一体なぜ、日本国は純朴な労働者や農民を行きたくもない戦争に駆り出したのか、アジア主義を唱える日本の有力者は孫文《そんぶん》を支援して清朝を倒し国民党政権樹立に導いたのに、なぜ侵略戦争の泥沼に嵌《はま》ったのか、大学生になってから辛亥革命《しんがいかくめい》や日中戦争史の記録を読みあさったものです。その両国間の国交が正常化したというので、田中訪中には感動した記憶があります。現在の中国は経済大国ですが、当時の中国はまだ貧しかった。まさか日本の企業が大挙して中国に進出することになるとは、あのころは、まったく想像できませんでした。

日中共同声明のころに、中国銀行のトップから聞いた話を覚えています。中国銀行といっても、先に触れた岡山市に本店を置く、中国地方最大の〝日本の〟地方銀行です。そのトップが、「中国の人が訪ねてきてね、何の話をしたかわかりますか？」と言う。銀行に訪ねてくるのだから、てっきり融資の話だろうと思い、そう答えました。そうしたら違いました。

「古くなって着なくなったワイシャツをくれって、頼まれたんですよ。『傷んでいても、袖口さえあればいい。上から人民服を着れば、袖からワイシャツが覗《のぞ》いてカッコいい』と言うのです。それほど貧しいのかと驚きましたよ」

そのトップは中国の貧しさを私に強調したくて、そんな話を私にしたのだと思います。中国は貧しいというのが、あのころの日本人の一般的な認識でした。

私が東京本社に戻ると、だんだん中国経済が話題になっていきます。そういうなかでも、あの中国銀行のトップの話が私には引っかかっていました。

実際、中国は貧しかった。私が初めて中国に行ったのは、第一回の日中閣僚会議を取材するためで、一九八〇（昭和五五）年のことでした。一九七八（昭和五三）年一二月に鄧小平《とうしょうへい》の指導体制の下に開催された中国共産党第一一期中央委員会第三回全体会議で、市場経済体制移行を試みることが決まります。改革開放路線です。それが始まって二年が過ぎていましたが、首都の北京《ペキン》でさえ貧しかった。

中国人の服装は、皆が同じように綿の入った人民服のようなものを着ていて、それも薄汚れて見えました。移動手段は自転車が主流です。

泊まったホテルの部屋には暖房のためのパイプが設置してありましたが、この暖房が効きすぎて暑い。調整もできず、仕方なしに窓を開けて寝ました。そうしたら、朝起きてみると顔が真っ黒です。石炭ストーブを使っている家が多く、煤《すす》が排出されて外気に漂っている。それが開けた窓から入ってきたらしいのです。

中国が国内総生産（GNP）で日本を抜いて世界第二位になるのは二〇一〇（平成二二）年ですが、そんな急成長をするとは一九八〇（昭和五五）年の時点でも想像できませんでした。ましてや日中共同声明のときに予測できるはずもありません。

「おクルマ代」に驚く

一九七三（昭和四八）年三月に岡山支局から東京本社に異動になりました。ほんとうはマクロ経済を担当する経済部に行きたかったのですが、企業取材を担当する産業部に回されてしまいます。

その産業部で、電気産業を取材することになります。電気産業といっても日経の場合、家電に重電、そして電子部品や通信機器などのエレクトロニクスに担当が分かれています。そのなかで花形といわれているのが重電で、日立製作所や東芝、三菱電機などが取材対象になります。その次が家電で、松下電器産業（現・パナソニック）といった企業を担当します。

エレクトロニクスは、花形以外のその他大勢を担当するようなところでした。この年の秋に日経は『日経産業新聞』を創刊するのですが、おもな担い手の産業部は猫の手も借りたいくらいの状況でした。私も、そのために地方から駆り出されてきたようなものです。

最初に産業部長に言われたのが、「君たちはミソクギ記者になれ」でした。ミソクギとは味噌釘ということで、要は小さな業種でもその道の専門記者になれ、という意味です。岡山支局で経済全般から政治、社会問題まで広い取材対象を相手にしてきたのに、ミソクギ専門と、唖然としたものでした。

ショックだったけれども、やりはじめたら半導体なども取材範囲だし、「面白いかもしれない」と思いました。コンデンサーやトランジスタなど細かな電子部品は裾野が広いので、対象となる企業も多い。ただ、そういうところを取材しても日経本紙に載せられるようなネタがないのが現実でした。

取材仲間というのも、一般紙の記者ではなくて、業界紙、専門紙の記者です。専門紙にはマニアックな記者が多く、じつに細かいところまで知っているし、取材している。

そういう連中と一緒になって、中小企業の部品メーカーの開いた記者会見に出席したら、帰り際に「おクルマ代です」といって封筒を渡されたことがあります。いわゆる提灯記事を書いてくれと頼んでいるわけではないでしょうが、よろしく頼みますとのメッセージです。

私は、入社直後から取材相手から金品は貰わないという日経の内規に従ってきました。「社の規則違反になるので」と言って丁重に断りましたが、それを出すのが習慣になっている業界もあるのを知りました。

こうした中小企業の経営者たちはユニークな部品や製品をつくっているので、きちんとした記事に値します。現金授受なんて余計です。ちょっとしたカルチャーショックでした。「そういう業界の取材をするのがイヤだ」と言って日経を辞めていった記者もいました。

インテル創業者のロバート・ノイス

インテルコーポレーション（インテル）の共同創業者であるロバート・ノイスが会見するというので出かけたことがあります。いまでこそ世界最大手の中央演算処理装置（CPU）や超小型演算処理装置（MPU）、半導体素子のメーカーですが、まだ当時は知られていない会社で、たしか電卓のICチップみたいなものをつくっていたはずです。記者会見の場所も東京の神田にある古いビルの一室のようなところでした。

ただし、ロバート・ノイスは知られた存在で、インテルを創業したのは一九六八（昭和四三）年ですが、その前の一九五七（昭和三二）年に半導体メーカーとして有名だったフェアチャイルド・セミコンダクターの創業にも参加しています。さらに、集積回路を発明したことでも知られています。とにかく半導体業界での知名度は非常に高い人で、「the Mayor of Silicon Valley（シリコン・バレーの主）」というニックネームで呼ばれていました。「半導体が産業の主役になる」と言われはじめていたころで、私も本などを買い込んで勉強していましたから、ロバート・ノイスの名前は知っていました。

ロバート・ノイスの話を聞いて、「これからすごいことになるな。指先に乗るようなサイズの半導体チップがＣＰＵとなって大型ビルのフロア全部を必要とするような大型コンピュータの中枢を担うだろう」と実感しました。実際、現在のようなパソコン全盛の時代になって、インテルは中心的な企業に成長しています。

日本では、一九七三（昭和四八）年四月一九日に政府が電子計算機の輸入自由化を閣議決定しました。そのころに日本電気（ＮＥＣ）や日立製作所などの役員に取材すると、皆が「黒船が来る」みたいに怯《おび》えているのを感じました。これから半導体が産業の中心になることは大企業の役員クラスは認知していて、圧倒的な力をもった米国勢が日本に上陸しようとしているのだから、緊張するわけです。

ただ、マスコミをはじめとして一般的にはその重要性に気付いていない。「半導体技術のイロハから勉強しなければいけない」と、私は焦りました。といっても、そのために専門書と格闘するヒマがあるわけではない。

そこで、日本電気（ＮＥＣ）や日立製作所などの企業に勉強させてもらいました。さすがに大企業で、博士号をもつ研究員がいて、基礎的なところから、わかりやすくレクチャーしてもらいました。米半導体大手のモトローラ社の技術者が書いた英文の入門書とも格闘しました。すぐに記事にできるような内容ではないけれど、理解が進むと楽しい。新しい世界が開けたような気分でした。

天才エンジニア、池田敏雄の予言

そのころに出会ったのが、富士通常務（のちに専務）の池田敏雄《いけだとしお》さんです。池田さんはライバル社も天才だと認めるほどの技術者で、一九五四（昭和二九）年一〇月に富士通の第一号コンピュータを完成させました。ただ、自宅で仕事に没頭することも多く、出社しない日もあり、困った社長は池田さん専任の部下を張りつけ、出社させるよう仕向けたとのエピソードがあります。

実際に私も、神奈川県川崎市郊外にある新興住宅地の池田さんの自宅に何度か押しかけました。すると池田さんは自身が調整した大型ステレオでクラシック音楽を聴きながら、新しいコンピュータ用半導体の設計案を考えています。

会うと、快く取材に応じてくれます。「いま考えているのは、大規模集積回路（ＬＳＩ）の集積度を飛躍的に高めた超ＬＳＩだが、半導体の進歩は急速で無限だよ。いまの大型コンピュータはそのうち掌《てのひら》に乗るようなサイズになるだろう」と目を輝かせながら語ってくれました。

前述したノイスの示唆とも通じますが、池田さんは正確に小型パソコンやスマホの時代の到来を予見していました。

池田さんは単なる天才エンジニアではありません。経営戦略家としても卓越していました。そのころのコンピュータは米ＩＢＭがガリバーで、残るメーカーは米日欧を問わず小人の群れでした。日本の富士通、ＮＥＣ、日立製作所などもその類ですが、池田さんは秘策を考え出しました。それは、ＩＢＭから飛び出した技術者ジーン・アムダールと組んで、ＩＢＭ機の互換機を開発、販売するということです。

互換機は、ＩＢＭの基本ソフトウエアがそのまま使える一方で、ＩＢＭ機のハードウエアよりも演算処理が速いという利点が売り物です。そのハードの性能を担うのが半導体であり、超ＬＳＩであるわけです。

ところが悲劇が襲います。池田さんは一九七四（昭和四九）年一一月、アムダールを羽田空港に出迎えたとき、くも膜下出血のため五一歳の若さで亡くなります。その日、ちょうど半導体製造部門のある富士通川崎工場に取材があり、担当幹部を訪ねると、茫然《ぼうぜん》としています。

「池田さんが……」。その日の夜、NECの小林宏治《こばやしこうじ》社長に会うと、「日本は宝をなくした」とやはり悄然《しょうぜん》としていました。

池田さんの遺志でしょう。一九七六（昭和五一）年、通産省の後押しで、富士通、日立、NEC、三菱電機、東芝による超LSI共同開発組合が発足、各社は選りすぐった技術者を集めて製造設備の国産化に取り組んだのです。その成果が八〇年代に発揮され、文字通り米国を追い越していきます。

「電電ファミリー」と格闘する

さて、半導体が利用される筆頭と言えば、コンピュータであり通信機器です。必然的に、そちらへの取材も広がっていきます。そして、ある中堅企業を取材して記事にしました。そんな大きな問題ではないと思っていたのに、その企業からクレームが入りました。

よくよく聞いてみると、日本電信電話公社（電電公社、現・日本電信電話〈NTT〉）から突きあげられて私のところにクレームを入れてきたことがわかりました。電電公社には電気通信研究所があって、グループの研究開発を束ねている。そこに、NECを頂点とする企業群がぶらさがっていました。つまり、日本の電気通信技術の総本山であり、ここの意向にはNECをはじめ大企業も逆らえない。

面白いな、と思いました。日本の資本主義社会のピラミッド構造そのものですから。しかも、半導体などハイテクで圧倒的な競争力を誇る米国に追いつけ、追い越せと日本の官民が一丸となっているときに、そんな旧態依然とした産業構造でいいのか、という問題意識もありました。日経産業新聞の創刊に合わせて連載企画記事を書くように言われていたこともあったので、一九七三（昭和四八）年の秋に「電電ファミリー」という特集記事の連載をやりました。電電公社に製品を納入する企業群を指す言葉として「電電ファミリー」を思い付いたのです。のちにはあらゆるメディアで普通に使われるようになりますが、これを最初に新聞用語としてつくったのは私だとの自負があります。

経団連（日本経済団体連合会）の図書館に通って、上場企業の財務諸表を徹底的に調べて電電公社との取引や収益構造、役員構成をチャート化しました。あとは、ＮＥＣ、富士通、日立製作所、東芝など大手のみならず、中堅中小企業にいたるまで取材を重ね、数値データの背後を掘りさげました。

そういうなかで、電電公社がファミリー企業に対して、技術開発や製造面で犠牲を強いているプロセスや、それにもかかわらず企業側は唯々諾々と従わざるを得ないという不条理を描き出しました。

創刊間もない日経産業新聞は日経本紙に比べて発行部数も極端に少ない。しかも一見すると地味な業界分析記事で、普通は世間的な反響は一切ありません。ところが、電話がどんどんかかってきます。いずれも、ファミリー企業の担当者です。「よくぞ書いてくれた」「じつは我々もこれではいけないと思っていたんだ」といった好意的なコメントばかりです。

電電公社がクレームをつけてくるのか、じつは楽しみにしていました。しかし、連載中には、一切抗議はありませんでした。ただ、連載が終わってから、電電公社の総裁秘書室から連絡があって、「総裁が直に会ってお話ししたい」と言う。

行ってみると、米沢滋《よねざわしげる》総裁と技術陣を率いる北原安定《きたはらやすさだ》技師長が待ち構えていました。どんなクレームをつけられるのかな、と内心はドキドキですが、同時に、ならば突っ込んで聞いてやろうとの意気込みもありました。

北原技師長が記事のコピーを前にして、じつに丁重な態度で説明を始める。すごく、しっかり読み込んでいて、クレームではないけれど、自分たちの言い分も聞いてくれ、という話でした。

拍子抜けです。ただ、戦後日本の電気通信産業の総本山もこれまでのような在り方ではいけないという問題意識をもっていたのだけれども、誰も外部からの指摘はなく、ファミリー企業とのマンネリ化した関係をずるずると引きずっていたということです。

ミソクギ記者になれという日経上司の言葉にはジャーナリズムの気概があるのか疑いますが、ミクロの専門分野を深く追究し、それを通じて日本の経済社会全体の方向を見極めるのも経済ジャーナリズムの在り方なのです。

第二章

ショック続きの日本列島

一九七〇年代後半——

オイルショックが直撃

一九七三（昭和四八）年一〇月六日、六年前の第三次中東戦争でイスラエルに占領された領土の奪回を目的として、エジプト・シリア両軍がそれぞれスエズ運河とゴラン高原正面に展開するイスラエル軍に対する攻撃を開始します。第四次中東戦争の勃発です。

これをきっかけに一〇月一六日、ＯＰＥＣ（石油輸出国機構）加盟のペルシア湾岸六ヶ国が、原油公示価格の引き上げを発表します。続く一七日には、ＯＡＰＥＣ（アラブ石油輸出機構）が、石油生産の段階的削減を決定しました。さらに、イスラエルが占領地から撤退するまでイスラエル支持国（米国やオランダなど）への石油禁輸を一〇月二〇日以降実施することを決定します。

日本はイスラエルを支援しないように、石油を武器とする戦略を実行したことになります。イスラエル支持までいきませんが、反イスラエルではないという理由で供給削減対象にされます。石油の約九九・七パーセントを海外からの輸入に頼り、その八〇パーセント以上を中東地域からの輸入が占めている日本にとって、石油価格引き上げと供給削減は大打撃となります。第一次オイルショックです。

石油によるエネルギー供給によって産業も国民生活も成り立っていたにもかかわらず、石油の輸入量が減らされる事態が起きるなど、それまで想像したことさえなかったのが日本でした。それが現実に起きてしまい、相当の衝撃が走りました。

石油価格が高騰し供給が減れば生産も減って物不足になるというので、いろいろなものが値上がりしていきます。店頭からトイレットペーパーや洗剤が消えるということが、実際に起きました。不安感で人々が買いだめに走り、値上がりしたら利益が大きくなると踏んだ流通が売り惜しみをした結果でした。騒ぎがひと段落したときに、流通倉庫から大量のトイレットペーパーが見つかったというオチまでありました。

ただし、石油価格の高騰と供給不足は、日本の産業を直撃することになります。石油不足により電力不足となり、工場の操業ができない事態にまでなっていきます。これが米国なら、すぐにレイオフ（労働者の一時解雇）になるところですが、そこまでいかないのは日本的だったと言えます。

電力の使用規制が始まり、オフィスの照明が制限されたりと、企業はあらゆる節約を迫られることになります。それくらいで間に合うはずもなく、たくさんの工場が操業一時停止に追い込まれ、大騒ぎになっていきました。

あのとき、工場の操業を一時停止すると発表していた日立製作所の役員に取材したことがあります。「レイオフをやるんですか」と質問すると、「工場の操業は停止するが、従業員は絶対に解雇しません。賃金もちゃんと払う」という返事でした。そのために、社員は出社させるという話でした。「工場は動いていないのに仕事はあるのか」と重ねて質問すると、「工場の草むしりをしてもらう」との答えでした。工場は操業しないので売上がないにもかかわらず、草むしりで操業しているときと同じ給料を払う、というのです。これには、感心しました。ただ、日立市という日立製作所の城下町だけの話だったかもしれません。

オイルショックの影響は強烈で、翌年、一九七四（昭和四九）年四月入社の内定をもらっていたにもかかわらず取り消しになったり、状況の見通しが立つまで自宅待機を命じられる学生も多くいました。新入社員を雇えるような状況ではなかった、というわけです。

七〇年代半ばからインフレーションが進んでいたのですが、オイルショックが拍車をかけました。いろいろなものが、どんどん値上がりし、「狂乱物価」という言葉が生まれたほどです。日本経済は冷え込み、一九七四（昭和四九）年の実質国内総生産（ＧＤＰ）はマイナス〇・二パーセントと、戦後初のマイナスを記録します。不況にもかかわらず物価が上がる、まさにスタグフレーションの状態でした。

ただ、賃金も上がりました。一九七四（昭和四九）年の春闘では、記録的とも言われた大幅賃上げが実現しています。日本経済新聞社でもけっこうな賃上げがあって、さらにボーナスで会社との交渉について、会社側の提示を受けいれるかどうか所属部の労働組合員会議がありました。私はかなり働いているつもりだったので、「もっと多くて当然だ。会社側にはもうひと押しすべきだ」と意見を述べました。そうしたら、先輩記者の何人かが「会社の業績も大変なのだから会社回答を受け入れるべきだ」と言い張るので、かなりもめました。

いつもは所属部の部長がキャップクラスの記者に対し、「これが最終回答だから、回答受け入れで部内をまとめろ」とひそかに指示を出し、受け入れの根回し工作をするのですが、私は空気を読まなかったのです。指示を受けた先輩記者は後輩記者たちを説得できないと出世できないとビクつくようなサラリーマンタイプで、必死でした。

でも、いつも早朝から深夜までかけずり回っている若手記者としては、そんなゴマスリに調子を合わせるつもりはありません。

産業界全体では、このころから労働組合が経営側の都合を配慮する、いわゆる「労使協調」の雰囲気が出来ていたし、財界との結びつきを重視する日経はその典型例だったのです。

原子力発電ブーム

オイルショックをきっかけに始まるのが原子力発電ブームでした。エネルギーの安定供給のためには石油だけに頼っていられない、というわけです。

一九七四（昭和四九）年には、原子力発電所の建設を円滑に進めるために「電源三法」が制定されます。「電源開発促進税法」「電源開発促進対策特別会計法」「発電用施設周辺地域整備法」が三法で、立地地域に利益が充分に還元されるようにした法律です。交付金をバラまくことで、地元からの反対の声を抑え込もうとしたことになります。

一九七六（昭和五一）年あたりからは、私もエレクトロニクス・通信機器産業担当を離れ、重電（重電機器）担当に移ったこともあり、原子力発電関連の取材が多くなっていきました。数ミリ格の小さな半導体やそれを使うコンピュータ、通信機器の取材は面白く、そこで得た知識と経験はのちの経済記者活動の大変な財産になったのですが、サイズが巨大でしかも高度な生産システムに支えられ、輸出市場で米国や欧州との激しい競争を演じる重電機器産業も魅力があります。それに、原子力機器はその分野の柱です。

日本の原子力発電所は、「沸騰水型原子炉（ＢＷＲ）」と「加圧水型原子炉（ＰＷＲ）」のふたつに分かれます。前者は、原子炉のなかで蒸気を発生させて、その蒸気を直接タービンに送って発電します。後者は原子炉のなかで発生した高温高圧の水を蒸気発生器に送り、そこで発生させた蒸気をタービンに送って発電する仕組みです。

原子力発電の二大巨頭といえば東京電力（東電）と関西電力（関電）で、東電が米国のゼネラル・エレクトリック（ＧＥ）の沸騰水型原子炉を、関電がこれも米国のウェスティングハウス・エレクトリック（ＷＨ）と組んで加圧水型原子炉を推進していました。ＧＥからは東芝と日立製作所が、ＷＨからは三菱重工業・三菱電機グループがそれぞれライセンスを供与されていました。謂《い》わばＧＥファミリーとＷＨファミリーで、日本市場を山分けするわけです。

ＧＥ、ＷＨは東電や関電、さらに東電を筆頭にする電力九社および政府系の電源開発の共同出資の日本原子力発電株式会社（日本原電）が新しい原子力発電所を建設するたびに、その第一号機を主契約社となって受注する。二号機以降は原則として国産メーカーが主契約社となり、ライセンス料を米側に支払うのです。

ただし、GE型、つまりBWRの場合は、まず東芝が二、三号機を受注し、日立は四号機という順番です。日立の首脳は「何しろ絶対的な親はGEで、長男が東芝、うちは末弟格で最後まで食事（受注）にありつけない」とぼやいていました。日本の原子炉市場はこのような不文律、謂《い》わば暗黙のカルテルによって分割されていたのです。

ところが、沸騰水型原子炉には「応力腐食割れ」と呼ばれるトラブルがあり、よく配管にヒビが入るという欠陥があります。これには東電も困っていて、加圧水型原子炉の導入を検討するようになっていきます。加圧水型にも配管系にトラブルは皆無ではありませんが、原子力潜水艦すべてが加圧水型であるように、原子炉と発電系統が分かれていることから運転の安定度が優れています。

東電としては次々と原子力発電所をつくる計画もあったので、BWRに偏った構成では安定した電力供給が危うい、と考えるようになりました。

そして、一九七七（昭和五二）年二月、米国カリフォルニア州サンノゼのGE原子力本部を震撼《しんかん》させる事件が起きました。日本原電が敦賀《つるが》原子力発電所（敦賀原発）の二号機に内定していた新型沸騰水型炉の発注をキャンセルすると、GE社に通告したのです。日本原電は沸騰型ではなく、加圧水型炉を採用し、三菱重工業に発注するというのです。

繰り返しますが、日本原電は、日本に商用原子力発電を導入するために一九五七（昭和三二）年に設立された会社です。株主のなかで最も発言力の強いのが東電で、経営トップも東電出身です。東電の意向には逆らえない立場でもありました。

敦賀原発の一号機も、東電と同じくGEの沸騰水型原子炉が導入されています。そして二号機も、GEが提案する改良型沸騰水型「MARK3・BWR6」を採用することで、その設計費として約三億円を支払っているから、GEや東芝、日立にとってみれば受注したのも同然とタカをくくっていたのです。

ところが一九七七年二月一八日、受注契約のため来日していたGE原子力本部長は日本原電から発注取り消し通告を受け、帰国しました。そして、その六日後、東京・大手町で開かれた定例の九電力社長会が終わりかけたころに、珍しく参加していた日本原電の白澤富一郎《しらさわとみいちろう》社長が、慌ただしく報告を始めました。敦賀二号機へのGEへの発注を見送り、改めて国産軽水炉の導入を実現したいという報告で、最後に「この話はご内聞だけにしていただきたい」と頭を下げたのです。

じつのところ、日本原電には自主性はなく、東電の意向に従って三菱重工業に加圧水型原子炉を発注することになっています。

じつはGEへのキャンセル通告から三菱重工業への発注は、私のスクープでした。その背景には秘話があったのですが、それは以下の通りです。

二月初め、日立製作所の幹部に会うと、すごく深刻な顔をしている。「どうかしたんですか？」と訊いたら、「えらいことになった。日本原電がＧＥの沸騰水型原子炉をキャンセルするんだ」と言う。そうなると、東芝に次いで関連機器の受注が見込めるＧＥファミリーの日立製作所にも痛手になるわけです。「まさか、米国相手にキャンセルなんてできますか？」と私が訊き返すと、「いや、間違いない。ただし、俺がしゃべったことは、くれぐれも極秘にしてくれ。日本原電に確認してくれ」と言う。それは、そうです。

その日の夜に私は、日本原電の白澤社長の自宅に〝夜討ち〟をかけました。夜討ちは夜遅くに取材対象の自宅を訪問するマスコミ用語です。朝早く訪問するのは〝朝駆け〟といいます。

私は、社長とは初対面で、自宅を訪問するのも初めてでした。社長は宴席から帰ったばかりだったのか、少し酔っていました。そして、単刀直入に訊きます。酔った勢いなのか、「その通りです」と、あっさりとキャンセルを認めたのです。一目散に社に取って返して、原稿を書きはじめました。当然、一面トップになる大スクープになるはずです。

ところが、書いているさなかに、日本原電の広報部長が電話をしてきました。広報部長とも、私は面識がありませんでしたが、受話器をとらないわけにはいきません。彼は、「白澤社長から『つい口が滑った、なんとか田村記者を説得してくれ』と言われています。記事を出すのを待つようお願いしたい」と懇願します。

理由を訊くと、日本原電は九電力の出資で出来た会社で、重要案件は九電力の社長会で了解をとらなければならない。その社長会での了解がとれていない、というのです。しかし九電力の社長会は終了後、記者会見を開くはずです。そうなるとマスコミ各社も嗅《か》ぎつけるはずで、とても応じるわけにはいきません。それでも、「社長会で了解されても、外には漏らしませんから」と粘ってくる。あまりに切羽詰まっている感じなので、「とりあえず今夜は出稿をとりやめておきましょう」と答えてしまいました。

そうしたら翌日、その広報部長が会社まで押しかけてきた。そして、「もう少し待ってくれ」の一点張りで、引き下がりません。とにかく必死に記事を書かせないようにするわけです。「他社の記者さんとは日ごろから付き合いがあるので、絶対に漏れないよう監視します。何か動きがあったら知らせます」と言うのです。

追い込まれてストレスに苛まれている様相がありありです。サラリーマンとして出世街道を歩む彼の窮状は察するにあまりある。それに、岡山支局時代、私の公害防止スクープ記事後、県と会社の板挟みになり、亡くなられた企業担当者の悲劇も脳裏に浮かびます。

そこで、毎日、毎夜、彼に報告を受けながら、記事化を延ばし延ばしにしていました。もちろんその間、私はより深くキャンセル事件の内幕を探り出します。GE、東芝、日立の間でどんな巻き返し工作があったのか、WHと三菱重工業幹部がどんな工作を行ったのか、その暗闘がすさまじい。

人というものはとにかくしゃべる動物です。確かな証拠を突きつけられると、沈黙が破れ、芋づる式にあらたな事実を明らかにするのです。

ようやく社長会で了解がとれたというので、晴れて一面トップの記事にしました。ところが、大スクープのはずなのに、おかしなことに他紙が後追いしてこない。なぜかというと、私が記事にする前に、ズバリではないけれど匂わせるような小さな記事がいくつかの新聞には出たのです。

迂闊《うかつ》にも、私はその記事に気付かなかった。他紙が追いかけて来ないと、社内では編集局長賞や社長賞といった特ダネ賞は貰えません。それでも、私自身には原子力発電をめぐる巨大ビジネスの内幕を取材できたという達成感はありました。

日本原電の広報部長さんは、この騒ぎのあと、メニエール病にかかってしまいました。三半規管がおかしくなり、眩暈《めまい》が収まらない。それを聞くと、あの日の夜、懇願の電話をはね付けて、そのまま記事化したほうが彼のストレスを一時的なものに出来たのではないかと、私も複雑な思いでした。

日本原電が敦賀原発二号機の加圧水型原子炉導入に踏みきった背景には、東京電力が加圧水型炉の採用に動いていることがありました。加圧水型はＷＨが米国で圧倒的なシェアを誇り、日本ではＷＨファミリーの三菱重工業・三菱電機が関西電力向けを中心に高い納入実績がありますす。しかし、東電はそのＷＨ系にこだわらず、欧州で安定した運転実績のあるドイツのシーメンス社エネルギー生産事業部（ＫＷＵ）の加圧水型炉にも強い関心をもっていました。ＫＷ

ＵはＷＨからの技術導入でスタートしたあと、ＷＨとの契約を打ち切り、自主技術開発を進めてきた歴史があります。とくに東電相談役だった木川田《きがわだ》一隆《かずたか》氏が強く推していたのです。

木川田氏は、東電では社長、会長を務め、経済同友会代表幹事なども歴任した大物経営者で、「木川田天皇」との異名があったほどです。電力業界全体に影響力をもったばかりでなく、日中国交回復にも力を尽くし、企業としての政治献金取り止めの英断を下し、哲人財界人として名を馳せた逸材でした。

敦賀二号機へのＫＷＵ発注も選択肢だったでしょうが、何しろ原子力発電プロジェクトは巨大で、安全性と信頼性が命です。重電機器企業など国内産業界のバックアップは欠かせません。日本での実績がないＫＷＵ製を導入するためには綿密な事前調査と国内メーカーの協力態勢が必要で、ただちには無理です。だから国内で定着しているＷＨ系の三菱重工業製が選ばれたのだと思います。

ところが三菱重工業のＰＷＲ導入決定後の約一ヶ月後の一九七七年三月四日に、木川田氏は亡くなってしまいます。以来、東電社内は「木川田さんの遺言」だとして、原子力発電部門の総帥、堀《ほり》一郎《いちろう》副社長が中心となってＫＷＵ導入の検討作業を進めます。

折しも敦賀でのＧＥキャンセル事件の起きた一九七七年は、東電・福島第一原子力発電所のＧＥ系沸騰水型炉三基すべてがトラブル続きでした。七ヶ月間、一基も運転できないありさまで、一時は東電史上最大の経営危機とまで言われたほどでした。しかし、その堀氏も体調を崩し、KWU導入機運も消えていきました。

その間、危機感をもったGE、東芝、日立のBWRグループは結束を固め、新型のBWRを開発し、東電は福島第二原発に採用していくことになります。実力者の木川田氏亡きあとは強大な政治力をもつGEファミリーから離れられなかったのです。

福島第一原発は二〇一一（平成二三）年三月の東日本大震災の大津波で未曽有の原発事故を引き起こし、取り返しのつかないほどの大災厄となりました。歴史に「もしも」はありませんが、仮にPWR原発であればどうだったか、避けられたのかどうか、考えざるを得ません。一九七九（昭和五四）年に米国で起きたスリーマイル原発は加圧水型で、バブコック・アンド・ウィルコックス（B&W）社設計でしたから、加圧水型すべてが安全というわけにはいきませんが……。

それからもうひとつ、東芝のその後です。東芝は世界の主力になっている軽水炉は加圧水型であることから、二〇〇五（平成一七）年にWHを買収し、加圧水型に進出したのですが、WHの巨額債務を負担する羽目になって二〇一六（平成二八）年に東芝自体が経営危機に陥ってしまいます。以来東芝は、原子力部門はもとより、主力の東芝メモリも売却に追い込まれるなど、解体同然のありさまです。

脱炭素エネルギー時代のいま、原子力発電が再評価されているだけに、海外技術依存の東芝の混迷の根本原因を追及すべきでしょう。

スリーマイル島原発事故

敦賀原発二号機は加圧水型原子炉に、しかも三菱重工が受注者になりましたが、三菱重工に技術供与していたのはWHです。当時、WHは米原子力発電市場で圧倒的なシェアを誇っていましたが、重大な試練と格闘していました。

WHの原子炉商法は燃料を安い価格でユーザーの電力会社に供給する約束付きで、大成功を収めてきたのですが、英国の鉱山資本リオ・ティント・ジンク（RTZ）社などによるウラン・シンジケートによる国際カルテルが一九七五（昭和五〇）年に結成され、ウラン価格が一挙に五倍以上に急騰してしまいました。WHはウランを調達できなくなり、電力会社から巨額の損害賠償を請求されていたのです。しかも米原子力発電市場は飽和状態にあり、新規受注はほとんどなくなってしまっていました。

私は一九七八（昭和五三）年七月、米国ペンシルベニア州ピッツバーグにあるWH本社を訪ねました。

私が着くとカービィ会長が待ち構えています。話題は、ウラン・カルテルの国際陰謀事件です。側近のベセル副社長は、「カリブ海バハマ諸島で開かれたウラン・カルテルの秘密会合に腹心が潜入を試みたが、正体がバレてつまみ出されたという報告があったばかりだ」と生々しい謀略戦を打ち明けます。ヨハネスブルク、パリ、ロンドン、オタワ、シドニー、カナリア諸島などを舞台にした欧米系鉱山資本による陰謀の詳細を徹底的に調べあげ、訴訟対策のため一三人の法律家をかき集め、一九七六（昭和五一）年一〇月に、米反トラスト法違反でＲＴＺやフランスのイメタル社などを提訴しました。続いて米司法省も提訴へと動き出します。カービィ会長は、私の前に分厚い訴訟資料をどんと置いて、「これを差しあげる」と言いました。米国の大企業の調査能力に度肝を抜かれました。誰と誰がいつどこで会って、どんな話をしたか、仔細《しさい》に書かれているのです。

私は欧州にも足を伸ばし、ウラン・カルテルを主導したＲＴＺを突撃取材し、カルテルに深く関与したフランスの核燃料公社の首脳にも会ったのですが、印象に残ったのはこうした企業の首脳が口をそろえて言ったことです。

「ＷＨに訴えられて、何よりもかなわないのは、米国に行けなくなったことだけじゃない。米国の上空を通る飛行機に乗れない。強制着陸させられて逮捕される恐れがある」と。

ＷＨという私企業の枠を超えて覇権国米国の影響力の大きさを感じさせました。

当時、勤務先の日経は編集局の横断的なプロジェクトではない若手記者単独の海外取材を認めてくれませんでした。でも、部長は根負けして「一週間だけ」と折れました。そんな日程では米欧をカバーできませんし、費用も足りません。すると、担当デスクが「田村、行けばこっちのものだ。遠慮なく延ばせばよい。カネが足りなくなったら、管理部に緊急電報を送って送金してもらえばよい」と言います。実際にそうして、ひと月近く欧米を回りました。融通無碍《ゆうずうむげ》さに感謝したものですが、成果をあげなければならないと、必死でした。

　こうして、日米欧の原子炉の国際商戦や欧州の財閥ロスチャイルドもからんだ国際ウラン・カルテルの内幕、エクソンなど国際石油資本の参入、さらにウラン開発利権をめぐるオーストラリア等の原住民の反発運動までも調べあげ、一九七九（昭和五四）年二月に私は日経新聞出版局から『核メジャー　〝石油以後〟を制する者』というタイトルの本を上梓《じょうし》しました。ただし、著者は「日本経済新聞社編」で、表紙に私の名はありません。「よみ人知らず」ですね。

　原発建設ブームが続くなか、世界の原子力ビジネスのドロドロとした実態を明らかにした類書はなく、東京都心の書店ではたちまちベストセラーになりました。

　ところが、ひと月あまりで売れ行きはぱったり止まってしまいました。

　一九七九（昭和五四）年三月二八日に米国スリーマイル島原発事故が起きてしまったのです。これで一気に関心が原発の安全性に向かってしまい、国際商戦に焦点を合わせた同書は世間の関心からズレてしまったのです。

　事故が起きたのは二号機。これは加圧水型原子炉で、米国のB&Wの設計でした。冷却水系の故障によって炉心の温度が上昇し、核燃料が融解する「メルト・ダウン」を引き起こします。レベル七まである国際原子力事象評価尺度（INES）では、レベル五とされました。ちなみにレベル七と評価されたのは、一九八六（昭和六一）年に起きた旧ソ連のチェルノブイリ原発事故と、二〇一一（平成二三）年の東京電力福島第一原発事故だけです。

ともかく、当時としては最大規模の事故となったスリーマイル島原発事故は、世界の原発に大きな影響を与えることになります。米国内では、もう原発の建設は無理だといわれました。日本の原発ブームも冷水を浴びせられたかたちになって、しぼんでいきます。

スリーマイル島原発事故の直後、東電の平岩外四《ひらいわがいし》社長の記者会見で、私は率先して「今後どうするのか」などと質問したのですが、平岩さんはしどろもどろで、まともに答えられない。これでは日本で原発が推進されていくはずがない、と思ったものです。

日中共同石油開発

サウジアラビアに次いで世界二位の産油国だったイランで、モハンマド・パフラヴィー国王への不満が高まり、一九七八（昭和五三）年一月に「イラン革命」が始まります。その混乱のなかで、イランからの石油輸入が一時ストップします。そしてＯＰＥＣ（石油輸出国機構）が、石油需給逼迫《ひっぱく》を理由に大幅値上げを宣言することになります。

一九七九（昭和五四）年一月一六日になると、パフラヴィー国王が国外に退去し、イスラム教シーア派の宗教指導者、ルーホッラー・ホメイニ師が帰国してイラン革命を指導しました。そのホメイニは資源保護を理由に、原油の大幅減産を決定し、世界の石油需給はいっそう逼迫します。そして、ＯＰＥＣの値上げが続きます。一九八〇（昭和五五）年には、イランに対してサダム・フセイン独裁下だったイラクが侵攻し、イラン・イラク戦争が勃発します。イランの石油輸出はさらに不安定になり、ＯＰＥＣも値上げを続行します。石油価格高騰は、日本にも大きな影響を与えていきます。第二次オイルショックです。

企業の節電などが話題にはなりましたが、第一次オイルショックのときのような混乱はありませんでした。第一次ショックの教訓が生かされた、とも言えます。

石油を海外からの輸入に依存している日本は、海外での自主原油開発を目指します。それを受けて一九六七（昭和四二）年に政府によって設立されたのが特殊法人「石油開発公団」です。一九七八年には石油国家備蓄も業務となり、名称も「石油公団」に変わります。

この石油公団が注目されたプロジェクトが、中国と組んだ渤海《ぼっかい》での石油開発でした。一九七二（昭和四七）九月に現職の内閣総理大臣として田中角栄《たなかかくえい》氏が初めて中国の北京を訪問します。人民大会堂で日中首脳会談を行い、日中共同声明に調印し、日中の国交正常化を実現させます。それから日中の協力で進められていたプロジェクトのなかに、渤海での石油開発もありました。

渤海は遼東《りょうとう》半島と山東《さんとう》半島によって包まれる中国領の内海です。ここの海底地下に相当量の石油が埋まっているというので、日中共同で掘るプロジェクトが生まれたのです。日中協力を象徴する大プロジェクトだということと、中東からの輸入に依存していた日本にとっては新しい輸入先を確保できる機会だというので、かなり期待を集めたプロジェクトでした。私たち新聞記者の間でも、大変な取材合戦が繰り広げられたものです。

渤海石油開発に関する日中の接触は、一九七八年六月から七月にかけての第一次石油公団訪中によって始まります。それから二年間で一〇回にわたる交渉が重ねられ、一九八〇年五月二九日に契約の調印が行われ、同年六月九日に契約発効となりました。

しかし、結論から言うと、この共同プロジェクトは失敗します。試掘してみたものの油層が細かく分断されており、商業生産には不適だというので、日本は撤退の羽目に陥り、巨額な赤字を出すことになりました。

ところが二〇〇七（平成一九）年五月三日、中国最大の国営石油会社である中国石油天然気集団公司（CNPC）が、渤海で巨大油田を発見したと発表します。これを聞いて、私も驚きました。日本が失敗したところですからね。

それ以後も、次々に渤海で新しい油田が発見されています。二〇二一（令和三）年一〇月にも、石油の地質資源量が一億トンを超えるという巨大油田が見つかりました。

要するに、日本がやっていたときは浅いところを掘っていたけれど、もっと深いところを掘ったら巨大油田があったわけです。つまり、日本の技術力が足りなかったということになります。

日本の石油会社は、算出された石油を買うだけで、自ら探査して油田開発をした経験が乏しいので、探査・採掘に関する技術力がない。

戦前の石油各社の石油鉱業部門を一元化するために一九四一（昭和一六）年に設立された半

官半民の国策会社「帝国石油」（二〇〇六年〔平成一八〕年に「国際石油開発」と合併して「国際石油開発帝石ホールディングス」に）の関係者に取材したことがあります。

戦前や戦中は中国でも油田の探査・試掘をしたのですが、失敗が多かった。中国東北部黒竜《こくりゅう》江省《こうしょう》の大慶《たいけい》油田は、五〇年代末に発見された一〇〇キロメートル四方に広がる中国屈指の大油田です。戦前、帝石はそこも掘ってみたのですが、深くは掘らなかったためにダメだった、もし当てていたら、日本の運命は変わっていたかもしれないと聞かされたものです。

中東でもインドネシア周辺でも、すでに採掘されている油田の権利を買うことで、石油を手に入れています。そういう歴史ですから、技術がない。

第一次オイルショック、第二次オイルショックを経験しても、油田の探査・採掘の技術を積み重ねようという方向に、日本は向かわない。「売ってください」と中東諸国に頼んで歩くような「物乞い外交」の発想から抜けられないでいるのが日本です。

一方で一九五七（昭和三二）年にサウジアラビアとクウェートからペルシア湾の海底油田の採掘利権を獲得して設立されたアラビア石油のような例もあります。ただ、あれは幸運だったのです。というのも、あの地域は掘れば、わりと簡単に石油が出てくる。そんな有望鉱区ですから、欧米の巨大石油資本も狙っていたのですが、傑出した行動力を持つ山下太郎《やましたたろう》さんという実業家がいて、サウジアラビア王族に食い込むことができたためだと思います。

赤字国債の発行

少し時間が戻りますが、一九五七（昭和三二）年九月の第七六臨時国会に、政府が財政法特例法案を提出します。これによって、戦後、維持してきた歳入と歳出のバランスをとる均衡財政が崩壊することになります。

財政法特例法案は、歳入不足を補うために発行される国債、いわゆる「赤字国債」の発行を認めるための法案です。一九七三（昭和四八）年の第一次オイルショックをきっかけに、一九七四（昭和四九）年には戦後初のマイナス成長をもたらすほどの不況となりました。一九七五（昭和五〇）年に入っても景気回復の兆しはなく、その不況の影響で税収も大きく落ち込み、歳入不足が深刻化します。

そこで政府は、赤字国債を発行して乗り切ろうとしたわけです。ただし、財政法第四条で、〈国の歳出は、公債又は借入金以外の歳入を以て、その財源としなければならない。〉と定められています。歳出に「公債や借入金からの歳入を充ててはならない」というわけで、赤字国債の発行を禁じています。

財政法は一九四七（昭和二二）年に施行された法律で、巨額の戦時国債を発行することで戦争を遂行してきた過去の反省から、再び戦争に踏み込まない足枷《あしかせ》として四条がつくられたと言えます。

とはいえ長引く不況での歳入不足で、財政支出をしないとなると不況から立ち直ることはできません。そこで特例によって赤字国債を発行できるようにしたのが、財政法特例法案です。歳入が足りない場合、国が借金して国内でありあまる労働力や設備を動かし、経済成長させれば、国民は元気になり、税収も増えるので国債発行は当然です。大事なことは財政出動を機動的に行うことです。

そのために絶対必要な財源なのに「赤字国債」と名付け、まるで無用の長物のような扱いをするのは経済学ではなく、「借金は悪だ」式の硬直した道徳論だと、当時の私は見ていました。

このときは、二兆二九五〇億円の赤字国債を発行します。建設国債も追加発行し、補正後の国債発行額は五兆四八〇〇億円、財政の国債依存率は二六・四パーセントになります。

財政法四条では赤字国債の発行は禁じていますが、「ただし書き」によって公共事業費、出資金および貸付金の財源については例外的に国債発行または借入金による調達を認めています。これが、建設国債です。

赤字国債であろうと建設国債であろうと、国債には変わりありません。

金融市場とは、債務で成り立っています。短期の金融市場では中央銀行と市中銀行間および市中銀行間の資金融通、さらに政府が発行する短期の国債の取引が行われます。つまりすべてがカネの貸し借りで成り立っているのです。

長期金融市場は償還期間が長い国債と社債、即ち長期の金融負債の売買が主体です。ちなみに株式市場も債務市場の一種です。株式とは元本返済不要の債務で企業は株主に配当金を払わなければなりませんから。

多様な債務のなかでも、国債は国家の徴税権の裏付けがある借金ですから、一国の金融市場の要《かなめ》に位置づけられます。だから国債の信用は税収動向に左右されるのですが、税収は企業収益や家計の所得が増えないと増えません。したがって、経済が成長しないことには国債の信用、さらに金融市場そのものが不安定になります。

バブル崩壊後の景気対策として「緊急経済対策」がとられるようになると、赤字国債の発行は急増していきます。経済対策の財源に赤字国債を充てたからです。これによって普通国債残高は累増の一途を辿り、二〇二二（令和四）年度末には一〇二九兆円にのぼると見込まれるまでに増えています。

日本の債務残高はGDPの二倍を超える状況です。債務残高の対GDP比率は二六二・五パーセントで、イタリアの一五〇・六パーセントや米国の一二五・六パーセントに較べても高い水準となっています。

財務省は大蔵省の時代から一貫して財政均衡主義です。もう、信念のようなものになっています。そのため、同省の赤字国債の発行に対する抵抗は凄まじいものがあります。

ただし、成長のためには先行投資が必要です。

そのために赤字国債で資金を投資するのは、当然だと、当時も現在も考えています。企業で考えれば、社債を発行したり銀行借入したりと借金し、それを先行投資に充てています。だから、成長できるわけです。

国も同じことで、先行投資しなければダメになります。そのための赤字国債の発行は当然です。

ロッキード事件

一九七六（昭和五一）年七月二七日、田中角栄元内閣総理大臣が受託収賄と外国為替および外国貿易管理法（外為法）違反の疑いで逮捕されます。戦後最大の汚職事件として大きな話題となる「ロッキード事件」です。

田中角栄逮捕に先立つ一九七六年二月四日、米国上院外交委員会多国籍企業小委員会の公聴会で、米国ロッキード社（現・ロッキード・マーティン社）会計検査担当会計士が同社の工作資金不正支払いの事実を証言し、続いて二月六日に同社副会長のアーチボルド・コーチャンが具体的な資金の流れを明かします。

ニクソン政権と強く結びついていたロッキードは、政府を窓口として売り込みを行い、そのために多額の工作資金も使っていました。日本に対しては、全日本空輸（全日空）の大型旅客機「Ｌ－１０１１トライスター」と、防衛庁（現・防衛省）の次期主力戦闘機「Ｆ－15」と対潜哨戒機「P－3C」の採用について工作を行っていました。そのために大物右翼の児玉誉士夫《こだまよしお》を同社秘密代理人とし、商社の丸紅や全日空を通じて総額三〇億円を超える多額の資金を政治家や政府高官にバラまいていました。

その疑惑の中心にいたのが田中角栄元首相で、総理大臣だった一九七二（昭和四七）年八月末にハワイで行われた田中・ニクソン会談において総理大臣の職務権限で先のロッキード社三機種の導入を約束します。その報酬として五億円を受け取ったと言われています。

元総理大臣についての疑惑で、逮捕にまで辿り着くわけですから、それは大騒ぎです。私は担当ではなかったので、取材に動くことはなかったけれど、あまりの報道の過熱ぶりに、「なんか、おかしいな」との感想を漏らす経営トップがいました。

田中元首相逮捕当時、私は半導体などエレクトロニクス産業から原子力産業などの担当へと移りつつありましたが、経営者たちは米国に追いつけ追いこせという気概に満ちていました。安全保障では米国に従属しながらも。経済は自主独立、米国何するものぞ、と嘯《うそぶ》く経営トップが少なからずいたのです。

日本の捜査当局も司法当局も関わらない、米国国内での証言しかない。それも、証言と引き換えにコーチャンの責任は追及されない、謂《い》わば「司法取引」です。それで元首相をはじめ日本側の責任者ばかりが責任を追及され、逮捕までされる。誰が見ても、おかしな事件でした。

田中角栄元首相は資源外交を活発にやった人です。日中国交正常化を成し遂げると、一九七三（昭和四八）年九月にフランスを皮切りに英国、ドイツ、旧ソ連と長期間にわたる外国訪問に出かけます。それは日本のエネルギー調達ルートの多角化に道筋をつけるのが目的の、資源外交でした。米国の石油メジャーにしてみれば、自分たちを蔑《ないがし》ろにするような行動で、かなり頭にきたはずです。日中国交正常化についても米国の頭越しで、ニクソン大統領や当時の国務長官だったヘンリー・キッシンジャーは気に食わなかったと言われています。

つまり、米国は田中角栄元首相が邪魔だったわけです。米国から睨まれていた。だからロッキード事件は、米国に田中角栄元首相が嵌《は》められたのですが、日本の政治と検察が米国の思うつぼに嵌った事件だと当時から私は受け取っていました。ちなみに、ロッキード事件の真相は、いまだにはっきりしていません。

一九七九（昭和五四）年一月四日には、米国証券取引委員会（ＳＥＣ）で、米国グラマン社が自社の早期警戒機「Ｅ－２Ｃ」の売り込みのために、代理店の日商岩井（現・双日）を経由して日本の政府高官らに不正資金を渡していたと告発します。これを受けて、東京地方検察庁（東京地検）が捜査を開始します。これが、ダグラス・グラマン事件です。

この事件にしても、米国発で日本が揺さぶられました。日商岩井の航空部を率いていた当時副社長の海部《かいふ》八郎《はちろう》さんは、かなり優秀な商社マンです。航空部門だけでなく、エネルギー関連でも辣腕《らつわん》をふるっていました。

私はフランス国営の核燃料公社（ＣＯＧＥＭＡ）の総裁にインタビューしたことがあります

が、そのとき紹介してくれたのが海部八郎さんでした。彼は、日本が米国に供給を依存している濃縮ウランや使用済み核燃料のビジネスで、フランス・ルートの開拓に熱心でした。米国にとっては、やはり目障りな存在だったはずです。

ダグラス・グラマン事件では、海部さん直属の部下で、東京地検の取り調べを受けていた日商岩井の島田三敬《しまださんけい》常務が赤坂の本社ビルから飛び降り自殺をしています。飛び降りる前に受傷していたり、部屋が荒らされていたなど不審な点もあって他殺説もありましたが、自殺で片付けられています。

七〇年代までは、政治家でも経営者でも、腹の据わった〝大物〟と呼べる人がいましたが、ロッキード、グラマン事件を機に、八〇年代に入るころから、米国に盾突く大物はいなくなりました。

第三章

転換の時代

一九八〇年代——

怪しげなプロジェクト

一九八一年（昭和五六）年一月二〇日、ロナルド・レーガンが第四〇代大統領に就任します。その前年の秋に、私は通商産業省（現・経済産業省）の担当になりました。

レーガン政権の前が、ジミー・カーター政権です。七〇年代に二度のオイルショックに見舞われた日本は、たくさんのエネルギー関連のプロジェクトをカーター政権と起ち上げていました。

しかしレーガン政権が目指したのは、「小さな政府」でした。「強いアメリカ」の再現を掲げたレーガンは軍事費は増大させます。そのかわり経済政策では、政府の介入を大きくするケインズ的な「大きな政府」を批判しました。そして徹底的に市場原理に任せ、政府の介入を控える方針をとりました。これが、小さな政府です。

こうなると、政府が介入し、支出もするエネルギー関連の共同プロジェクトも見直されるだろう、と私は予測しました。その〝読み〟がピタリと当たってしまいます。

例えば、石炭液化プロジェクトがカーター政権下の米国と日本の合同で動きだそうとしていましたが、レーガン政権になって立ち消えになってしまいました。

石炭を分解して液化した炭化水素、つまり石油製品に変えるのが石炭液化です。この話が始まったときに私はエネルギー担当だったので、かなり取材しました。石炭を分解、溶かして石油に変えるには、相当なエネルギー投入を必要とします。そして出来上がった人工石油が石油よりも生産コストが安くなければ、商業ベースに乗れません。

日米共同プロジェクトは米国の大手資本のガルフ石油で、新工法を試すという触れ込みです。原油価格がそのころは四倍くらいに高騰して一バレル当たり四〇ドル前後でしたが、一〇〇ドル以上にならないと採算が合わない。有望なら、当然、国際石油資本最大手のエクソンなどが目の色を変えていたはずですが、まったくその気配がなかったのです。私はエクソンを取材したことがあり、彼らの非石油部門の戦略をそれなりに把握していました。

ガルフの有力日本側パートナーは三井グループです。三井鉱山が戦前、戦時中に取り組んでいたのです。取材を申し込むと、「プロジェクトが戦時中にあったはずです。試験設備はそのまま保存されているので、見に行きますか」というので福岡・大牟田《おおむた》の三井三池炭鉱まで出かけました。

それを見ると、「こんなものをベースにしても無理だろうな」という印象でした。なぜかというと、日本の石炭液化技術開発は戦後ずっと止まったままで、三井鉱山の設備はまるで博物館の展示品です。戦時中は同盟国のドイツが石炭液化に成功していて、その技術を貰って試みたのですが、実用化に失敗していたのです。

戦争という緊急時ですから、商業性とは無関係にドイツはそれなりに液化技術を開発したのですが、日本ではうまくいきませんでした。仮に、大成功していれば戦局も変わっていたかもしれませんが、技術力不足でした。しかも、いまは平時です。商業性という大きなハードルがあります。

だから、一見もっともらしい日米の共同開発の話も眉唾物です。ましてや、余計な予算は使わないレーガン政権ですから、プロジェクト中止は必然です。そう見込んで、関係者にコンファームしてスクープ記事にしました。それにしても、米国というものは政権が代われば、政策がこうも劇的に変わるものかと驚いたものです。

米国に押しつけられた自主規制

レーガンについては、当初、映画の西部劇に出ていた二流、三流の役者が大統領になったという印象しかありませんでした。しかし役者出身と侮れない、なかなかの政治手腕の持ち主だということがわかってきました。

一九八一（昭和五六）年一月の就任演説において、「今日の危機にあたって政府は、我々が当面している問題の解決策とはなり得ない。政府こそが問題そのものだ」とレーガンは国民に訴えています。七〇年代の不況とインフレが同時進行するスタグフレーションは、ケインズ流経済政策をとった民主党の責任だという意味です。

そして、民主党政権時代の政府主導のプロジェクトをどんどん切っていきました。住宅や社会保障なども徹底してカットします。徹底的な財政支出削減です。

一方、一九七九（昭和五四）年に連邦準備制度理事会（ＦＲＢ）議長に就任したポール・ボルカーは、レーガン政権になっても金融引き締め政策を継続していきます。インフレを退治するためで、彼は「インフレ・ファイター」の異名をとりました。

驚いたのは、レーガン大統領は自由貿易を口にしていたので、米国は保護貿易のようなことは言いださないと思っていたのに、まさかの保護主義的な動きに出たことです。自分たちが輸入規制するような保護主義ではなく、日本に自主規制を求めたのです。一九八一年四月五日に、日本に輸出自主規制と市場開放を要求する自動車産業救済策をレーガン大統領が発表しました。

そういう動きになりそうな情勢のなか、私は通産省と外務省の双方の記者クラブに籍を置きました。日ごろ、通産省はオープンで取材しやすく、議論を好む幹部、若手官僚が多くて知的刺激を受けるのですが、こと日米自動車問題については口が堅くて、機械情報産業局の自動車課長に取材しても、取りつく島がない。

外務省というところは外交機密にうるさいのですが、それは政治、安全保障関係にかぎってのことで、なかなか部屋にも入れてくれない。その一方で経済担当部局は取材に対してオープンでした。私は産業担当も経ているし、通産省にも通じているので、外務官僚も私の話に興味をもちます。通っているうちに親しくなると、机の上の文書も隠そうとしない。極秘のスタンプのある外交公電をわざわざ見えやすいように置いておいてくれたような気がします。

通産省に対する外務省としての反発があったからではないかと思います。というのも、経済に関する日米交渉のような場になると、通産省が「俺の縄張りだ」と言わんばかりに取り仕切って、外務省を入れないからです。

だから私が行くと、歓迎してくれる雰囲気で、「田村さん、そんなの見ちゃいけませんよ」と言いながら隠そうとしない。逆に、「見なさいよ」と言っているかのようです。ある幹部にいたっては、書類を机の上に広げたまま、「ちょっと窓の外を見ていますからね」と言って外を見ている。こちらとしては、堂々と書類を読めるわけです。たださすがに、コピーまでは渡してくれませんでした。

あるとき、米通商代表のビル・ブロックが来日することになりました。米国の通商交渉のための特別機関が米通商代表部（ＵＳＴＲ）で、そのトップが通商代表です。

来日することは決まっていたけれど、何の用事で来るのかがわからない。通産省を取材しても仕方ないので、外務省の関係部局を取材して歩いたら、ある人の机の上に一枚の外交電報文書が置いてありました。

それを見ると、米側政府高官が「〝tangible action〟をとれ」と要求しているとあります。tangible actionとは、「目に見える行動」という意味です。これは、自主規制を日本に求めていることを指しているとすぐピンと来ました。自由貿易主義者のレーガン大統領は輸入規制をしたくない。ならば、日本側に自主規制をやらせようというのが政治家上がりのブロックＵＳＴ

R代表の判断です。

これは大スクープでした。一面トップの記事になりました。まさに事実だったので、通産省としては反論も抗議もできません。ただ、嫌みは言われました。外務省でエレベーター待ちしていたら、そこで通産省の幹部と顔を合わせてしまいました。そうしたら、「田村さん、あなたは、いつも外務省にいるのですね」と言うのです。

レーガンが大統領に就任したのが一月で、それで四月には自主規制を要求するわけですから、相当のスピードです。米国の自動車メーカー・ビッグスリー（ゼネラルモーターズ〔GM〕、クライスラー、フォード）のフラストレーションが限界にきていたのだと思います。

スクープの数ヶ月後、ブロックが来日したとき、彼に外務省の廊下で鉢合わせしたことがあり、「日本の自主規制で米国の自動車産業は巻き返せるのか」と聞いたら、「大丈夫だ。日本には感謝するよ」とにこにこしていたことを思い出します。「日本に感謝」との文言は、あとでレーガン大統領の口からも出ましたが、その背後には日本側のこだわりがありました。詳述しましょう。

一九八〇（昭和五五）年には自動車生産台数で日本が米国を凌いで世界一となり、同時に一〇〇〇万台の大台を超えて一一〇四万二八八四台になりました。米国の生産台数は八〇〇万九八四一台です。ビッグスリーが危機感を覚えるのも無理ありません。

米国に押しつけられた自主規制は、日本としては不本意なはずです。ところが、通産省のなかには歓迎する雰囲気もありました。自主規制を楯にして、通産官僚は自動車業界を仕切ることができるからです。自らの権限を強めることに利用できる。それは、天下り先を確保することにもつながります。

日本の自動車メーカーは、「仕方ない」という受け取り方でした。内心は不満だったと思いますが、それを表に出すことはほとんどありませんでした。当時の自動車メーカーは体力も技術もあったので、自主規制しても、そんなに困らない自信があったのだと思います。

通産省内で次官に次ぐポジションである通商産業審議官として、日米自動車交渉を担当していた天谷直弘《あまやなおひろ》さんはその点、超然としていました。彼がネゴシエーター（交渉者）として自主規制を受け入れるわけですが、独自の哲学をもっていました。

天谷さんの代表的な著作が、『日本株式会社　残された選択』（PHP研究所刊　一九八二〔昭和五七〕年。のちに『日本町人国家論』と改題され文庫化）でした。

一九八〇年の夏ごろ、米国出張から帰国したばかりの天谷さんを、自宅に訪ねました。日曜日の午前で、夫人から庭にいるというので、庭に回ったら、ゴルフのクラブを振っていました。そんなに広い庭ではないけれど、小さいネットを張って練習しています。「ずっと飛行機のなかだったから身体がなまっちゃって、時差ボケ解消を兼ねてね」と気さくそのものです。

天谷さんは「強者は忍び足で歩け」という持論を展開します。これが「町人国家論」です。

要するに覇権国米国に刃向かっても碌《ろく》なことがない、米国の核の傘で守られている以上、刃向かえない。さりとて、日本は主権国家であり、従属するだけでは国家の資格がない。独立自尊の精神を忘れてはいけない。矜持《きょうじ》をもて、と。刃向かわないことと、独立自尊の両立は口で言うのは易しいが、いざ実践となると難しい。天谷さんはその解を「町人国家」に求めたのです。

天谷さんや彼の同僚には苦い思いがあります。七〇年代初めの日米繊維交渉では、米国のニクソン政権が日米戦争当時の敵対国条項を日本に再適用することまでちらつかせるので、理不尽な対米輸出自主規制で全面的に屈服したのです。

だから、天谷さんが自動車自主規制という譲歩に際し、どうしても欲しかったのは、米側の感謝の念でした。あくまでも米側の窮状を理解した日本の斟酌《しんしゃく》であり、両国関係は対等なのだという日本側の信念を米側に認めさせたかったのです。当時、日本の官僚の多くは、天谷さんと同じような思いを抱いていたのでしょう。

しかし、現実はそうはなりませんでした。日米自動車交渉後、数年後のプラザ合意や日米半導体協定などは、米側の要求をほぼ丸呑《まるの》みし、日本側だけが無残な結末を迎えるのです。プラザ合意では、日本の大蔵省が米国に恩を売って優越した気分になっただけで、日本経済を犠牲にしたのです。半導体協定では、米国が対日報復するという剣幕に押され、通産省と外務省が全面的に屈服したのです。

日米がイコール・パートナー（対等な伴侶）であれば、日本はあくまでも自国の利益を第一にしなければなりませんが、その意識は自動車自主規制以降希薄になり、米国に忖度《そんたく》するだけでよし、という安直さに堕したのです。

武器技術輸出

一九八二（昭和五七）年一一月の自民党総裁選で中曾根康弘《なかそねやすひろ》氏が圧勝し、中曾根政権が誕生します。そして翌年の一月一四日の「対米武器技術供与についての内閣官房長官談話」によって、米国への武器技術供与は武器輸出三原則の例外とされます。

共産圏の国、国連決議で武器輸出を禁止されている国、国際紛争の当事国またはその恐れのある国への輸出を禁じたのが、武器輸出三原則です。これを規定した法律は設けられなかったものの、一九六七（昭和四二）年の佐藤栄作《さとうえいさく》首相、一九七六（昭和五一）年の三木武夫《みきたけお》首相の国会答弁で確認され、それを歴代内閣が堅持してきたものです。そこに、米国を例外とする風穴を開けたことになります。

ちなみに、二〇一四（平成二六）年四月一日に閣議決定された「防衛装備移転三原則」が武器輸出三原則に代わる新たな政府方針になっています。

この〝武器輸出三原則の例外〟のときにはエピソードがありました。私の後輩にあたる記者が、通産省幹部の机の上にある書類をさっとポケットに入れて持ち出した。こういう書類、大半はマル秘に値しないものですが、これは違いました。正真正銘の極秘資料です。幹部の部屋を訪ねたとき、幹部がちょっと席を外していた隙に失敬したようです。そして私に、「これで田村さん、記事にしてください」と差し出すのです。武器輸出三原則問題を私がフォローしているので、この資料をもとに、しっかりした記事になると彼は言い張るのです。

記者が役所の書類を持ってきてしまうことを、新聞記者用語で〝紙取り〟といいます。それが得意な記者は何人かいますが、通常は自省にとって都合のよいことを大きな新聞のスペースで報道させるために、官僚がスクープを飛ばしたい新聞記者の性《さが》に乗じて、資料をそっと渡す。「大蔵省（現・財務省）では『ポチ』に餌をやるという感覚だ」と、大蔵官僚出身の高橋洋一《たかはしよういち》さんが言っているのには苦笑させられます。

しかし、武器技術供与のケースは、幹部が油断した隙に乗じたわけで〝紙盗り〟ということになります。私は極秘情報をものにするときは、必ず取材先の同意を前提にしてきましたから、最初は「トラブルになるとまずいな」と戸惑い、「ペーパーは元の机に戻したか」とまず、後輩記者に聞きました。しっかりコピーして戻したようです。しかし、この幹部は重大な機密資料をこともあろうに、情報に飢えた記者の見える場所に放置していたわけですから、暗黙の合意があったのではないかとも思えます。

私自身で摑《つか》んだネタではないので、私が書くのは何とも違和感があり、後輩記者には「自分で書けよ」と言ったのですが、「私の手には負えないので田村さんの感覚で書いてください」

と引き下がりません。

結局、翌日の朝刊一面トップ記事にしました。まだ官房長官談話の出る前ですから、官邸も役所も大騒ぎになりました。でも、記事通りの閣議決定となり、他紙が後追いで一斉に大きく報じました。情報漏れが問題になると、関係者が処分を食らうのではないかなどと、ちょっと気になっていましたが、何も追及はなく、拍子抜けでした。

私が日本経済新聞社編集局産業部の次に在籍した経済部は、常時一面トップ記事を出すことが使命になっており、現場記者が受けるプレッシャーは大変なものがありました。

大蔵省前の道路で信号待ちしていた大蔵省役人が持っていた風呂敷包みを奪って逃げたとか、破天荒な武勇伝の先輩記者もいました。手柄を焦る記者が役所の部屋に忍び込もうとして、守衛に見つかりそうになり、慌てて窓から飛び降りて骨折した事件が起きたこともあります。

人間はしゃべりたい動物なのですから、しっかりと理論武装し、理詰めで取材先と接していけば、相手も価値ある情報を口にするものだと、後輩記者たちには話したこともありましたが、それでも追い込まれるとそうはいかなくなるのです。

ＩＢＭ産業スパイ事件

一九八二（昭和五七）年六月二三日、米国のＦＢＩ（連邦捜査局）が、ＩＢＭの電算機情報を不法に入手したとして日立製作所と三菱電機の社員を逮捕しました。翌年の二月に日立製作所が、一〇月に三菱電機が有罪を認め、検察側と司法取引を行い、罰金の支払いなどで決着しています。

日本のコンピュータ・メーカーは、大型機でも八〇年代初めにハード的にはＩＢＭと競争できるレベルまでにはなっていたものの、ソフト面では大きく後れをとっていました。そのため日本電気を除くメーカーは、ＩＢＭ機との互換路線をとらざるを得ませんでした。いわゆる「コバンザメ商法」です。そのためＩＢＭの新しい新型機とソフトの情報をいち早く入手することが死活問題になっていました。他社に先駆けて情報を入手すれば、素早く製造戦略と販売戦略を立てられます。遅れることは、ビジネスで後塵《こうじん》を拝することになってしまいます。

そのため、どのメーカーも情報入手に血眼《ちまなこ》になるわけです。そうしたなかで、スパイ事件のようなことが起きるのも不思議ではありません。

ＦＢＩによる逮捕直前に、米国当局がＩＢＭの特許侵害容疑で日本のコンピュータ・メーカー摘発に動きそうだという情報が耳に入り、取材に動きました。ちょうど私は、この年の初め、自動車問題を機に激しくなりそうな日米通商摩擦の取材で米国出張していました。全米各地を取材して回り、日経一面での連載企画記事を二月に仕上げたところで、米国の対日警戒からすれば、摘発は充分あり得ると判断したのです。そして、そういう事件を起こすなら、きっとＩＢＭに対抗するだけの技術力を備えた富士通に違いない、という先入観をもっていました。

先述したように、富士通は天才エンジニア、故池田敏雄《いけだとしお》専務が半導体技術を飛躍的に高めてIBM機の性能を上回る大型コンピュータで日本市場のシェアを高めていたのです。

そこで、第一勧業銀行（現・みずほ銀行）の羽倉信也《はぐらのぶや》頭取の家に夜討ちをかけました。富士通のメインバンクが第一勧業銀行だったからです。詳しい情報を入手していたわけではないので、「富士通がターゲットになっているIBMがらみの動きがあるようですが」とやんわり聞きます。羽倉頭取は「何か大変ことになるかもしれないが、詳しくは知らないのです」と、ものすごく深刻な表情だったのが印象的でした。

そこで、「やはり何かある」と思い、富士通の山本卓眞《やまもとたくま》社長宅を訪ねます。山本社長とはほとんど面識がなくて、彼が故池田専務の配下にいるときに会ったことがあるだけでした。

会うなり、「米国で問題が起きているようですが」と尋ねると、「そんなことはありません」のひと言でした。この人は陸軍航空士官学校を卒業した元軍人ですから、背筋をピンと伸ばして、たったのひと言です。それから、もう取りつく島もない。

「臭いな」とは思いましたが、当時の私は通産省・外務省担当からは離れて、日銀・金融機関担当キャップになったばかりで、これ以上時間を割くわけにいきません。産業部のコンピュータ担当にも知らせるべきでしたが、「IBM特許侵害らしい」と、ぼんやりとしたかたちでしか伝えられません。確証を持てないまま生煮えの情報を伝えたところで、〝領空侵犯〟と受け止められるのも面倒で、見送ってしまいました。それまで何度も領空侵犯で産業部から激しく抗議されたことがありましたから。

優先すべきは読者であって、記者の領域なんて馬鹿げていますが、多数の経済・産業記者が縄張りを意識する日経特有の縦割り社会の弊害です。

それから、間もなく日立製作所と三菱電気の社員逮捕が発覚するわけです。富士通ではなかったから、山本社長の答えに間違いはありませんでしたが、富士通に起きてもおかしくはなかったわけで、当然、その問題は山本さんの耳に入っていたはずです。「もっと突っ込んで取材していればよかったな」とあとでほぞを嚙《か》みました。後の祭りです。

記者生活を通じて、匂いをかぎながら大スクープを逃したことは何度かありますが、そうならないためには第一報を入手した記者本人が周りから何と見られようと、まずは突き進むことが肝心です。本人が手を抜いてはダメ、他人任せにしても、スクープの成果を得られる可能性は低いのです。

日米貿易摩擦

先述しましたが、一九八二（昭和五七）年三月から日本銀行（日銀）の担当に移りました。その直前、外務省担当の最後の仕事になったのが、日米貿易摩擦をテーマにした米国取材でした。シリーズ記事をやるというので、私が中心になって少人数のチームを組みました。時間がないので一週間あまりの現地取材でした。

自動車が最大の摩擦問題でしたが、米国の自動車産業の中心地であるデトロイトで寂れた様子を取材してみても、さんざん報じられているので新味はありません。現地の特派員任せにせず、東京から飛び込んできた以上、別のアングルで切り込むしかありません。難問でした。考えた末に出た結論は、まずは行動、ジョン・ダンフォース上院議員の地元に直撃してみよう、ということでした。私の英語力は数年前にボーナスをはたいて早朝の会話教室で半年間特訓した程度ですが、気後れせずに取材するという度胸が頼りです。

ダンフォース上院議員は、対日強硬派として知られた人物で、彼が提出した対日決議案は一九八五（昭和六〇）年三月二八日の上院本会議で九二対〇で通過します。その対日強硬派の地元を訪ねて、「なぜ日本を叩くのか」と訊いてみよう、それもダンフォース本人ではなく、選挙民に、と思いました。ダンフォースは政治家ですから、地元の声を代表して発言したり行動したりすることによって支持を集めているからです。

まずは、ワシントンの日経支局から、ダンフォースの地元であるミズーリ州のあちこちに電話して取材依頼をしました。もちろん、ダンフォースの地元事務所にも電話して、「反日の声はどこに行けば聞けるのか、場所を教えてほしい」と申し入れました。

ミズーリ州のセントルイスに飛びました。ここが、ダンフォースの地盤のあるところで、商工業都市として知られています。私にとってセントルイスといえば、メジャー・リーグのセントルイス・カージナルスの本拠地でした。このチームは、私が子供のころに地元の高知に来たこともあって、強烈な印象がありました。

そのセントルイスに着いて、ミシシッピ川沿いのダウン・タウンからちょっと歩いたら、もう荒れ放題なのです。ひと言で言えば、ゴースト・タウン化している。そういう風景から、シリーズの最初の記事を書きはじめました。

そこから、もうすこし田舎のほうにある、議員に働きかけて日本を責めているという自動車部品の中小企業の経営者を訪ねました。そこはアポイントをとらずに飛び込みで行ったので、「日本から来た」と言ったら、最初はすごく警戒されました。それでも経営者が会ってくれたので、「なんで日本が憎いのか」と質問しました。「日本車にやられているGMからの注文がなくなって困っているんだ」と彼は答えました。じつは、そこは戦車の部品もつくっていたのですが、そちらの発注もなくなっていた。戦車のほうはどうしようもないので、ダンフォース議員らが「アンフェア（不公正）」だと言っている日本の自動車メーカーに怒りをぶつけていたわけです。

そうした窮状を、その経営者は赤裸々に語ります。別れるときにはすっかり仲良くなって、肩を組んで記念写真を一緒に撮ったりもしました。

次に足を向けたのが、ノース・カロライナ州でした。小説『タバコ・ロード』（コールドウェル著）に描かれたジョージア州と同様、タバコで有名な地域です。日本にタバコの輸入を増やせと圧力をかけている中心的な地域でもありました。

当時、ノース・カロライナの州都ローリーに本社がある、世界最大のタバコメーカーであるフィリップモリスの本社を訪ねました。

日本のタバコ市場を開放させるための米国側のネゴシエーターが、元財務省のエリートでニューヨークの弁護士でした。彼が日本に二ヶ月くらい滞在して、ホテルオークラをオフィス代わりにして活動していました。その彼の紹介で、フィリップモリスの社長が会ってくれました。「タバコなんて健康に悪いものを日本に押しつけるのはおかしいのではないか」と私が切り出すと、彼はさっそくタバコを取り出してプカプカやりはじめました。「家でも吸うんですか」と訊いたら、「うちでは猫もタバコを吸うよ」というのが彼の返事でした。

そういうジョークみたいな話から始まって、けっこう話が弾みます。彼の言い分は、日本政府は外国産タバコに不当に高い値段を付けて、日本市場シェアを不当に抑え込んでいるというものです。その通りですが、背景には国産の葉タバコ農家保護があります。

そこで、「あなたがたメーカーが地元の葉タバコを安く買いたたいているのと逆ですね」と言い返し、コードウェルが『タバコ・ロード』で貧しいタバコ農家のことをどう描いているかを紹介すると、この経営トップは「お前、よく知ってるな」と感心していました。

そのあと葉タバコ農家をいくつか取材し、記事にしました。タイトルには「タバコ・ロード」を入れました。米国の大手タバコ資本は貧しい葉タバコ農家からタバコの葉を安く仕入れて海外市場出のシェア拡張に励む。競争力に劣る葉タバコ農家を保護するために日本側は外国製タバコに高い関税をかけている。そこで日本に市場開放を迫るのだが、それで貧しいタバコ・ロードの農家が報われることはない。これが日米通商摩擦の不毛さなのだと。

次はカンザス州のカンザスシティに飛び、そこから小型機に乗り継いで一時間、さらに西へ車で二時間。カンザス平原のど真ん中にある、小麦農場主を訪ねるのが目的でした。

この農家の経営者と知り合ったのは、ほんとうに偶然でした。ワシントンでホテルのレストランの朝食で隣り合わせたおじさんが、ものすごく人懐っこくて、「どこから来たんだい」と話しかけてきた。「日本から来て、日米通商問題を取材している」と言ったら、「おお、すごいね。じゃあオレのところに来い」という話になりました。聞くと、カンザスの小麦耕作者協会のボスをしている。ワシントンに出張してきたわけは、小麦をもっと輸出できるよう、議会や政府に圧力をかけるロビー活動ということです。

「空港からどうやって行くんだ」と訊いたら、「心配ない、部下に迎えに行かせる」と言ってくれました。「ほんとうかな」と不安だったのですが、行ってみたら、スタッフの若者が自家用車で待っていました。家に着いたら、ものすごく大きな農家でした。そこに泊めてもらって、農場を見学したり、「ここはコヨーテがよく出るから、撃ってみるか」「鴨撃ちに行こう」と銃を持たされたり、カウボーイハットをかぶったり、西部劇さながらの世界です。

ボスには、なぜ日本に小麦を売らなければならないのかと、農家の実情を聞きますが、「日本は大事なお得意様で何の不満もない、感謝している」としきりに言います。噂を聞きつけた地元の小さな放送会社がラジオ番組に出てくれというので、出演します。「カンザスの農家には、穀物の日本向け安定供給で感謝します」と語りました。エールの交換で、日米摩擦などどこにあるか、という具合です。

これをどう字にするか、正直困りました。そこでストーリーに欠かせないのが、現場の風景です。単に頭のなかで考え出した理屈ではなく、目の前の茫漠《ぼうばく》とした情景を、絵ではなく文章によってどう再現するか、しばし農場のど真ん中で立ち尽くしました。

カンザス平原の地平線まで延々と拡がる耕作地帯は、ニューディール政策でつくられた「シェルターベルト」という大防風林が所々に配置されています。これがないと、風で土壌が吹き飛ばされてしまって農業などできない土地です。

ニューディール政策は、三〇年代にフランクリン・ルーズベルト大統領が世界恐慌でのダメージを克服するために行った一連の経済政策です。大量の失業者を救うために、大規模な公共工事を全米で行いました。カンザスシティの大防風林も、大事業のひとつだったわけです。

その大防風林のお蔭で、広大な穀倉地帯が生まれたのです。広大なために生産量も多く、それをさばくために安定した輸出先が必要となります。日本を敵視しているのではなくて、農家のビジネスとして日本への小麦輸出拡大を求めているわけです。ニューディール、シェルターベルト、そして莫大な余剰農産物を抱える純朴な小麦農家の悩み、米国の強みは同時に弱みでもあるのです。

最後は西海岸シアトルのボーイング工場を訪ねて全米横断終了。

日米は対立もしくは友好一辺倒ではありません。人間の欲望と愛情の交錯で成り立つ国家と国家が争っているわけです。覇権国米国は自由と民主主義という「理念」を振りかざし、日本をアンフェアだ、閉鎖的だと非難しますが、その「理念」なるものは消費者、企業、政治家、それらの総体としての国家のエゴイズムを達成するための手段にすぎないのです。そんな米国に対し、日本はへりくだったり、臆したりする必要はありません。忍び足で歩き、自主規制しても米国の対日攻勢が止むことはないでしょう。主権国家として堂々と主張し、守るべき利害を守る。そのほうが米国との関係を安定させられるのではないでしょうか──。

以上のように、立体的な見方を意識しながら、連載企画をまとめることになりました。睡眠時間もわずかだった米国から帰るとやたら眠い。でも原稿締め切りです。企画チームを前に報告しながら、立ったまま眠ってしまいます。いま思えば、無茶な体の酷使ですが、当時は当たり前のことでした。

担当デスクは、あたかも日米開戦前夜のごとき迫真ルポを要求するのですが、真実は違うんだと反論しました。大激論の挙げ句、多面的な日米摩擦の深層を再現することで何とか乗り切りました。

連載の掲載も終わらないうちに、日銀担当キャップを命じられることになります。金融取材は初体験です。

前川春雄邸詣で

一九八二（昭和五七）年三月に日銀担当になって、記者クラブは「金融記者クラブ」になります。そのクラブは、日銀の正面入り口の脇にありました。昔は、たぶん人力車や馬車の車夫の控え所という位置づけです。他省庁の記者クラブは建物の真ん中、大臣室からもさほど離れていない場所にありますが、日銀だけは違いました。玄関外側の脇なので、総裁、理事や部局に足を運ぶときにも一階受付を通さなければならないし、アポイントがないと入れてくれません。

役員以上の幹部取材場所は応接室です。革ソファーからくる日銀特有の匂いは、お前はここにいても大した取材は何もできないぞ、というメッセージのようです。各部局の部屋にはやはり約束がないと入れてくれません。日銀担当の前が外務省、その前が通産省でしたが、そこでは課長、係長の机の上の書類を何食わぬ顔で見ることもできました。しかしここでは、応接室以外立ち入ることはできません。

目に見えない巨大なカネの流れを扱うせいでガードが堅いのか、数字ひとつでも知られるとまずいと警戒するのか、何とも違和感のあるところでした。

ここでの私のポジションは、日経経済部の日銀・市中金融機関担当トップ、「キャップ」でした。日経は経済記事を強みにしているはずでしたが、じつは日銀にかぎっては鬼門意識がありました。きっかけは、一九七九（昭和五四）年一二月の日銀総裁人事における大誤報です。

このとき第二四代日銀総裁に就任したのは前川春雄《まえかわはるお》氏だったのですが、その当日、一二月一七日の朝刊一面トップで日経だけが、〈新総裁は澄田智《すみたさとし》〉と報じたのです。他紙はすべて前川新総裁となっていました。日経だけが、大誤報をやってしまったわけです。

朝刊の最終締め切りは当日の午前一時すぎで、最終盤一面トップの「澄田日銀総裁」紙面を前に経済部長以下が午前三時近くになっても帰らず打ち上げに興じているときに、当時の大蔵大臣だった竹下登《たけしたのぼる》氏とやっとコンタクトできた記者から緊急連絡が入ってきて、全員が凍りついたのです。「竹下さんは、『総裁は前川だ。輪転機を至急止めなさい』と言っている」と。輪転機は印刷終了、紙面の発送は始まっている。遅すぎました。

当時の日経経済部は「経済部帝国主義」と社内で称されるほど権勢を振るっていました。経済部生え抜きの記者が多数を占め、ほかの部局からの記者の異動は少なかったのですが、これではいけない、よその部局の記者と一部入れ替えようということになり、産業部所属の私も引っ張られたわけです。

ところが、私自身は産業部記者活動を満喫し、数年後はニューヨーク特派員になる心積もりでしたので、いまさら経済部への異動は心外です。上司から「マクロ経済取材はお前の将来の役に立つぞ」と説得されてこれも運命かとあきらめて異動しました。

当時、日銀担当は総裁人事誤報事件のトラウマを引きずったままでした。現場の日銀取材は、羹《あつもの》に懲りて膾《なます》を吹くというような心理状態に陥っています。切れ者のキャップもいざ勝負というときの踏ん切りがつかず、スクープがとれません。傍から見ていると、何ともイライラさせられます。そこで、スクープを連発する私が抜擢された。日銀取材の立て直しをやってみろ、というわけです。

金融担当は初めてのことで、「金融とはどういうものか」から勉強を始めるしかありません。日銀担当になった当初から気になっていたのが、前川総裁の任期でした。一九一一（明治四四）年生まれの前川氏は、日銀総裁になったのが六八歳で、私が日銀に移ったころは七一歳でした。当時の七〇歳すぎは「年寄り」のイメージが強く、日銀総裁の任期は四年ですが、そこまでもたないと言われていました。

前川氏が退任すれば、次の総裁には副総裁の澄田智氏が就任することが有力視されていました。澄田氏は大蔵省出身だったので、大蔵省としては一日でも早く前川氏に辞めてもらって澄田氏を就任させたいわけです。そのため、「前川は任期いっぱい務められるはずがない」という情報を、日経の大蔵省担当記者にさかんに流していました。

そんななかで日銀キャップに就くと、「もし前川が任期途中で辞めて澄田に交代して、それを他紙に抜かれたらどうする」と社内のいろいろなところからけしかけられました。前の大誤報がありますから、またもや日銀総裁人事で他紙に後れをとるようなことがあってはならないという雰囲気もありました。

総裁人事取材はキャップの専管事項です。それで週に一回は、前川氏の自宅に夜討ちをかけました。失礼だとは内心思いながら、探りを入れます。「前川さん、大丈夫ですか」と、いま考えてもアホみたいなことを訊きます。

そのうち、読売新聞の記者と前川邸で顔を合わせることが多くなりました。私と同じように、きっと煽られてやってきていたのだと思います。前川氏が任期途中で辞めることはないかもしれないと思う一方で、「読売まで来ているのだから、あり得るかもしれない」と疑心暗鬼になるわけです。だから、前川邸詣でも止められない。

前川氏の自宅は豪華マンションで、その一階にロビーがありました。そこで前川氏も、「しょうがないな」という表情で、毎回、相手をしてくれました。その江戸っ子然とした粋のよさにはずいぶんと感心させられたものです。結果的に、前川氏は一九八四（昭和五九）年一二月の任期いっぱい務めることになります。前川邸詣では徒労だったわけですが、前川氏とは金融政策に関しても話題が弾み、勉強させられました。戦後の連合国軍最高司令官総司令部（ＧＨＱ）との折衝、インフレ・ファイターで知られたＦＲＢボルカー議長との交流など、のちの取材活動でずいぶんと参考になりました。

公定歩合騒動

日銀担当に異動になって、前川総裁の退任時期と同じように振り回されたのが、公定歩合引き下げに関しての情報でした。これをけしかけているのも、大蔵省でした。

公定歩合引き下げについて、日銀内をいくら取材してみても、「そんな予定はありません」という答えしか返ってきません。ところが、大蔵省担当の記者が「日銀に動きがありますよ」と、さかんに流してくる。そのたびに私も、部下を日銀のいろいろな部署に走らせて取材するのですが、「ありません」の結果しか戻ってこない。

そのうち、経済部長までが大蔵省に示唆されたのか、「なぜ書かないんだ」と言ってきました。そう言われても、何の証拠もないので、記事を書くわけにはいきません。突っぱねて、突っぱねて、突っぱねまくっていました。

そうしたら経済部長が、「お前には度胸がないんだ」となじります。こちらとしては、「度胸の問題ではなく、事実無根の記事は書けない」と拒否するしかない。険悪になります。

ただ、何もしなかったわけではありません。部下に指示を出して、公定歩合引き下げの動きはないか、連日、取材を続けていました。

そうしたなかで、ある局長が気になる言い方をしたのです。明言はしないのですが、利下げを否定しない微妙な言い回しに変わったのです。

キャップ判断として記事にしました。「すぐに引き下げる」とまでは書きませんが、「引き下げもあり得る」みたいな書き方です。しかし、これが大ハズレになってしまいました。実際に引き下げられたのは、ずいぶんあとのことで、一九八三（昭和五八）年一〇月二二日に五・五パーセントから五パーセントに引き下げられたのです。

もちろん、キャップとして内心忸怩《じくじ》たる思いですが、けしかけた上司も大蔵省担当記者も知らん顔をしています。心のなかで、二度と周りの圧力に振り回されないぞ、と決心したものです。いま考えても腹立たしいのですが、大蔵官僚に見事に踊らされただけのことでした。

一九九八（平成一〇）年四月の日本銀行法改正で、日銀の中央銀行としての「独立性」が法制度としても明確にされました。それまでは、大蔵省は日銀に対して〝大蔵省銀行局本石町《ほんごくちょう》支店〟くらいにしか思っていませんでした。本石町支店とは、日銀本店の所在地が東京都中央区日本橋本石町だからです。

不覚にもあとで知ったのですが、当時、公定歩合について、実質的には大蔵省の銀行局課長が権限を握っているのが実態でした。大蔵省としては、引き下げの情報で金融市場がどう動くかを試したかったのではないでしょうか。だから大蔵省担当の記者を焚《た》きつけて、日銀記者クラブの私に書かせようとしたわけです。大蔵省にとって、日経は利用しやすい媒体だったのでしょう。

公定歩合の上げ下げは政治に関わってくることなので、確認をとるには総理官邸サイドにあたるのが確実です。日経の経済部と政治部の連携がうまくいっていれば、情報の確認が容易です。そうなっていないと、〝特オチ〟――他紙に出し抜かれること――か、見当外れになってしまう恐れがあります。先の日銀総裁人事の大誤報も、そこに原因のひとつがあります。残念ながら、私が日経で日銀キャップを務めていたころは、そういう状況でした。

波乱のワシントン支局

一九八四（昭和五九）年三月からワシントン支局に異動になりました。その打診があったのが前年の秋で、英語は何とか通用できると、海外取材で実績を積んでいましたが、特派員で駐在するならもっと磨かなければいけないというので、費用は会社に負担してもらって、個人レッスンに通いました。同時に外報部で海外特派員とのやり取りの手伝いもさせられました。日銀のキャップのままの兼任です。

ワシントン支局で経済を担当することになります。といっても、支局長に政治担当がひとり、そして経済担当の私で、赴任当時は三人だけの支局でした。

前任者からの引き継ぎで、渡されたのは書いた記事のスクラップブックと、レストランの名刺帳です。

唖然としました。スクラップは大半が紙面の下部に並ぶ小さい記事、いわゆるベタ記事ばかりだったからです。元はAPとかロイターなどの通信社が流してきたニュースの翻訳です。とにかく独自取材の記事が見当たらない。

住居は私の前任者の借家を引き継ぎました。隣の家に挨拶に行くと、「何の仕事をしているんだ」と訊かれます。「新聞記者だ」と説明しました。そうしたら、「あなたの前の住人は不思議な人だった」と言うのです。「ほぼ毎日のように、まず奥さんがテニスをする格好をしてクルマで出かけていって、その一時間ぐらいあとに主人らしい人がゴルフの格好をして出かけていくので、どんな仕事をしているのか怪しんだ」と。

それでも特派員が務まるわけです。当時は、特派員は出世コースのワンステップであり、何も記者として活躍しなくても、帰任時には出身部局で昇進間違いなしというふうな具合です。だから、原稿よりも健康が大事、日本人コミュニティでゴルフやテニスで親睦を深め人脈をつくる。あとは本社から出張してきた幹部の接待をうまくやる要領のよさを意識する特派員が少なくなかったのです。そういう慣習を打破するのが自分の役目だ、くらいに思いました。

私の赴任のタイミングで、前の支局長も異動になりました。彼は離任前、昼間にバーへ私を連れていき、「お前がやらなきゃならないのは独自取材だ。前任者なんか参考にならないから、無視しろ。マネはするな」とアドバイス。言われなくても、もちろん私はその気満々でした。

とはいえ、いきなり独自取材はできません。そこで、『ワシントン・ポスト』や『ウォール・ストリート・ジャーナル』『ニューヨーク・タイムズ』といった主要紙の経済記事を、過去記事も含めて読み込むことから始めました。ほとんど徹夜で、ほぼ一ヶ月の間、それを続けました。小さな発表記事はすべて無視、生真面目な支局長に任せるか、通信社電をそのまま使うよう、本社外報部には伝えます。

自宅に帰るのはいつも深夜になりますが、赴任したてで周辺の地理も不案内なわけです。ある日、自宅の場所がわからなくなって、免許取得したばかり、購入した新車でウロウロしていたら、パトカーが追いかけてきました。酔っ払い運転と間違われたようで、「飲んでいるだろう」と決めつける。「ノーだ。引っ越してきたばかりでうろうろしているだけだ」と言うと、「オレに息を吹きかけろ」と警官が言うわけです。フッと吹きかけると、もっと強く、と要求するので、思い切ってフーッとやると「ＯＫ」。やれやれです。

その後、慣れてくると、夕食は近所のレストランでワインをボトル一本空けたあと支局に戻り、原稿を仕上げて、深夜に運転して帰宅、あるいは取材先と飲み比べてしたたかに酔っぱらって車を運転し、相手を自宅まで届けたこともあります。

幸いなことにパトカーに一度もつけられることはありませんでした。他社の記者に猛者《もさ》がいて、酔っぱらい運転で捕まったとき、運転免許証の代わりにクレジットカードを出すと、警察官があきれて「わかった。気をつけて帰れ」と放免されたケースもありました。

当時のワシントンは夜遅くになると街には人通りもなく、郊外の道は車の行き交いが絶えます。事故を起こしても誰も助けに来てくれそうにない。運転は自己責任そのもの、日本では考えられないことです。

米国メディアの記事を読み込んで、勘どころを摑んだあとは独自インタビューを心がけました。まずは主要政府機関の幹部やＦＲＢの局長クラス以上、そしてエネルギー、金融、通商等の専門家に会えるように努力しました。

困ったのは、日経というメディアがあまり知られていないことでした。アポイントをとろうにも、新聞紙名をどう説明していいかわからない。「Japan Economic Journal」とか「Japan Economic Newsdaily」とか適当に直訳して名乗っていましたが、どちらにしても相手にとって知らない存在であることに変わりはありません。それでも会ってくれると、それを記事にして、次には「こんな記事を書いている」と言えば信用され、取材に応じる人も増えていきました。

そうしたなかでは、トラブルもあります。商務省の次官にインタビューしたとき、そのなかで彼が日本の通産省を批判するような発言をして、そのまま記事にしました。そうしたら、「こんなことは言っていない」とクレームをつけてきたのです。こちらも間違った記事を書いたわけではないので、ちょっと処理に困っていました。

そんなとき、日本から出張してきた某氏から電話がありました。某氏は日米の要人同士をつなぐフィクサーで、噂は聞いていましたが、私はうさん臭いと思い、会ったことはありませんでした。「田村さん、困っていることがあるでしょう」といきなり言われましたが、「ありませんよ」と答えるしかない。すると、「商務省次官のことですよ」とズバリ言われて驚きました。それで会ったのですが、以来、ほぼ一年あまりの間、彼が来るたびに朝食をともにし、情報交換しました。彼の話は、表に出ない米政府高官の言動で、あとで確かめても的確な情報なので、驚かされました。

一九八五（昭和六〇）年一月二日にロサンゼルス郊外で中曾根康弘首相とレーガン大統領は首脳会談を行い、経済摩擦についても話し合います。それによって決まるのが、MOSS協議（市場重視型個別協議）の開催で、一月二八日から始まります。

MOSS協議は、特定の品目や市場分野ごとの市場開放について個別に協議するものです。このときは、電気通信、エレクトロニクス、林産物、医薬品・医療機器の四分野が対象とされました。私は、大きなテーマにはならないと思い、あまりフォローしていませんでした。

四分野については一九八六（昭和六一）年一〇月に決着しますが、そのしばらく前に某氏から、「MOSS協議はほかの品目が加わり、すごいことになりそうだ」という連絡がありました。四分野が落ち着いたら、米国は日本に自動車部品の市場開放を徹底的に求めてくると言うのです。それも、ホワイトハウスが中心になって動いていると言う。探りを入れると、確かなようです。記事にして、一面トップに載りました。

すぐに、USTR（米国通商代表部）の幹部から「ミスター・タムラ、あなたの報道は間違っている」との抗議が来ました。私は内心、「この人は何も知らされていないのだな」と思いつつ、「自動車部品は大統領周辺から提起された政治案件です。あなたのレベルでは知らされていないだけだ」と突っぱねました。

日本の外務省はUSTRからやはり否定情報を得ています。それで日経の外務省担当記者に、私の特報記事を全面否定するブリーフィングを行い、間違った記事を書かせました。テーマは自動車部品ではなくガラスの原料のソーダ灰など、小さな分野だと言うのです。ソーダ灰等の情報はUSTRから聞いていましたが、当時、次期大統領選挙に出馬するブッシュ副大統領の周辺は歯牙にもかけない分野で、重大関心事は自動車部品産業です。

このときばかりは私も怒りました。「私に確認もせず、同じ社の一面トップの特ダネを否定する記事を出すとは何事だ」と本社経済部に抗議しました。「それにしても、お粗末な本社編集陣だな、自社特派員の一面トップ記事を信用していないのか、それとも目を通してもいないのか」と愕然《がくぜん》としたものです。

それから間もない一九八六年五月、米国製自動車部品の輸入拡大問題をMOSS協議の新分野に加えることで日米政府が合意しました。四分野と比べものにならないくらい市場規模は大きい。もちろん、日本の自動車業界への影響も大きいので大騒ぎになりました。

自動車部品問題はその後、暫定合意はあったものの、一九八九(平成元)年一月に発足したブッシュ(父)政権との日米構造協議の主要項目になりました。

プラザ合意

八〇年代半ば以降の出来事と言えば、何をおいても「プラザ合意」です。
米国の貿易赤字解消を目的に、ドル高を是正したい米国が呼びかけてニューヨークのプラザホテルで一九八五（昭和六〇）年九月二二日に行われた、先進五ヶ国（G5＝日本・米国・英国・ドイツ・フランス）の大蔵大臣と中央銀行総裁が集まって行われた会議です。この席で各国が協調して為替介入をすることが決まり、これをきっかけに日本はすさまじい円高に見舞われることになりました。

この日、ワシントン特派員だった私は、たまたまニューヨークに出張で来ていました。そうしたらニューヨーク支局に、G5の記者会見をプラザホテルで開くという連絡が入っていたのです。G5蔵相・中央銀行総裁会議は秘密裏に開かれるのが恒例で、記者会見は異例です。しかもワシントンから飛んでくる記者もいましたから、少なくとも記者会見の一二時間くらい前には新聞各社に連絡があったのではないかと思います。異例中の異例の記者会見ですから、「何をやったんだ」と記者たちも大騒ぎしていました。

実際、G5が一斉に大がかりな市場介入するとの発表で、これは為替相場が大きく動くきっかけですから大ごとです。

私も、まったく予期していなかったことで、かなり驚きました。「為替市場は自由な変動に任せるべきだ」と主張する米財務省のエコノミストがレーガン政権では幅を利かせていましたから、まさか介入などはないと考えていたからです。私だけでなく、すべての記者がそう思っていましたから、その動きを察知できなかったことに唖然とさせられました。

あとで考えると、そのヒントを私にくれた人物が、じつはいました。大蔵省国際金融局の親しい幹部なのですが、プラザ合意の前あたりから急にワシントン出張が多くなっていました。彼はワシントンに来るたびに私に電話してきました。「最近、よく出張があるね」と聞いたら、「まあ、いろいろあってね」という返事でした。そこに「何かある」と感じるべきだったのですが、当時は多くの経済分野を取材していたため超多忙で、つい追及できないままでした。

彼にしてみれば、通貨交渉の情報を私が摑んでいるかもしれないと探りを入れていた可能性があります。あるいは、私にヒントを与えるつもりで連絡してきていたとも考えられます。

プラザ合意後に彼に会ったとき、「なぜ教えてくれなかったんだよ」と言いたかったのですが、やめました。官僚など権力者に「情報をください」といった調子の取材は絶対にしないというプライドが私にはあるからです。

ともかく衝撃の記者会見だったわけですが、そこで私は愕然とさせられる光景を目にします。記者会見のひな壇には、G５の代表が勢ぞろいしていました。そのなかには当時の竹下登大蔵大臣もいました。

彼は各国代表のなかでも、ひと際小柄です。その横に立つＦＲＢ議長のポール・ボルカーは身長が二メートルくらいあるので、なおさら竹下蔵相の身長の低さが目立ちました。

するとは何を思ったのか、竹下蔵相が自分の頭とボルカーの胸のあたりを比べるような仕草をしました。背の低さを強調して、自分ではおどけてみせたつもりだったのかもしれません。ボルカーは、きょとんとしていました。

国際会議の席で、しかも世界各国の報道機関を集めて、重大発表が行われた場です。私には、米国に媚《こ》びる日本の姿そのものに映り、複雑な思いでした。

その竹下蔵相の態度に象徴されているように、日本は従順に米国の要求に従って為替市場への介入を実施していきます。米国の産業界をドル高の苦境から救うために、大蔵省は嬉々として円高ドル安を受け入れたわけです。

円安から急激な円高に転じたため、日本企業は為替差損を被り、景気は急速に低迷していきました。円高によるコスト増を回避するために、日本企業が生産拠点を海外に移す動きが加速していきます。いわゆる「産業の空洞化」で、失業も増えます。

当時の外相は安倍晋太郎《あべしんたろう》氏で、子息でのちに首相になる晋三《しんぞう》氏は、まだサラリーマン上がりで、父親の〝鞄《かばん》持ち〟でした。外相ですからワシントンにもよく来ていました。それで、定宿にしていた高級ホテル、マジソンホテルを取材のために訪ねたのです。ホテルの部屋で、うつぶせでマッサージを受けながら、電話で日本の農林水産大臣と怒鳴り合っていた光景が印象的でした。日米農作物交渉の真っ最中で、譲歩するなと農水大臣からプレッシャーを受けていた様子でした。

その安倍外相にプラザ合意について質問してみたところ、「事前には知らなかったなぁ」という返事でした。それほどの隠密行動で大蔵省が臨んだのが、プラザ合意だったわけです。

現代経済学の「巨頭」と評されるJ・M・ケインズは、財政や金融政策は自国のためにやるもので、他国のためにやるものではないと警告しています。通貨も、当然、その範疇《はんちゅう》です。その通貨価値を、他国の都合で決めるのはタブーです。プラザ合意は、そのタブーを犯したことになります。

宮澤蔵相の怒り

プラザ合意から始まった円高の勢いは、翌一九八六（昭和六一）年に入っても衰えません。一月には一ドル＝二〇〇円を割り、二月には一八〇円台まで円高が進みますが、それでも円高が止まる様子は見えない状況でした。

さらに円高が進んでいた七月に大蔵大臣に就任したのが、宮澤喜一《みやざわきいち》氏です。当時の政権を率いていた中曾根康弘氏の経済政策を批判していた宮澤氏ですが、円高で苦しむ日本を放っておけなくなって入閣したのだと思います。

大蔵大臣に就任すると、宮澤氏はさっそく円高進行に歯止めをかけるため、ベーカー財務長官と頻繁に掛け合うことになります。最初の会合は米側の要請で極秘とされ、厳重な箝口令《かんこうれい》が敷かれています。

本社の大蔵省担当は宮澤蔵相が米国のどこに向かったのかわからず、何とかつき止めてくれと、困り切っています。通常なら、大臣に各社の記者が同行するのですが、このときは拒否されています。当時、私は在ワシントン記者会の幹事で、各社からも同じ問い合わせが来ました。そこで一計を案じました。外務省担当時代から親しくしている松永信雄《まつながのぶお》駐米大使に電話し、思い当たる節はありませんかと聞いてみました。すると、大使は「ちょっと待って、いまドアを閉めるから」と数秒間の沈黙のあと、「何ぶん秘密事項ですから、ズバリは言えません、でも、ひとつだけ参考情報」と話をしてくれます。

「宮澤さんは鈴木善幸《すずきぜんこう》内閣の官房長官ですね。そのとき外務省から秘書官として仕えた者が、いまどこにいるか調べてみたら……」と。ピンと来ました。その秘書官だったのはサンフランシスコの総領事、有馬龍夫《ありまたつお》氏です。そそくさとお礼を述べて、各社に至急連絡し、ほぼ全員が一斉に空港に駆けつけ、サンフランシスコ総領事邸に押しかけました。

有馬氏はまだ帰っていませんでしたが、しばらくすると姿を現しました。「何のことですか」とすっとぼける。幹事の私は仕方ないから、切り出します。「あなたが宮澤さんに忠実なことはわかりますが、でも宮澤さんがここでベーカー長官に会っているのに、記者団をすっぽかしたことになれば、宮澤さんのためにはなりませんよ。大臣を説得して会見を開くようにしてくれませんか」と……半ば脅しですね。それに、宮澤蔵相には唯一同行している記者がいたことがのちほどわかります。NHKのT氏で、宮澤蔵相の甥《おい》です。「何だ、極秘訪問で記者はアウトだと言っていたのに、血縁者は例外か」ということになります。

有馬総領事は「わかりました。ちょっと時間をください」と言い、姿を消したあと、「皆さん、このあと宮澤大臣が会見します」ということになりました。

あとで有馬総領事とサンフランシスコ空港で出くわすと、有馬さんから「田村さん、ありがとう」とお礼を言われました。総領事も日本人記者団を締め出して宮澤蔵相は大丈夫かと内心は心配されていたようです。

だけど、いくら秘密好きのベーカー長官の要請とはいえ、それを真に受けて従う宮澤蔵相も大蔵省官僚も米国に弱いんだな、これが知米派宮澤喜一の現実なのかと思ったものでした。

宮澤蔵相はその後、何度もワシントンにやってきて、ベーカー長官と交渉します。交渉のあと宮澤蔵相と日本の記者たちとの懇親会がありました。大蔵省のワシントン駐在官がアレンジしたのですが、そういうときは決まってワシントンの目抜き通りであるKストリートにある中華料理店です。

私は少し遅れて店に入りました。すると、丸テーブルの、宮澤蔵相の隣の席だけが空いていました。誰かの予約席かな、とちょっと躊躇《ちゅうちょ》していると、宮澤蔵相から「田村さん、来なさいよ」と声がかかったので、そこに座りました。

彼の本籍地は広島県ですが、関東での生活が長く、東京高等師範学校附属小学校（現・筑波大学附属小学校）から旧制武蔵高等学校を経て、東京帝国大学（現・東京大学）法学部政治学科を卒業しています。そのためか普段の言葉遣いは江戸っ子風で、酔うとべらんめえ調になるのです。その日は、かなり紹興酒を召していたようで、酔っ払っていました。

その彼が、「てやんでえ、ベーカーの野郎、あいつは為替のことなんかわかってねぇんだよ」と話しはじめました。ベーカーとは宮澤蔵相の交渉相手であるジェイムズ・ベーカー財務長官です。「酔っ払っての、そんな言い方は、負け犬の遠吠えみたいだけど、これは本音ですね。建前論なんかよりずっと面白いです」と、私は内心では思いつつ、相槌《あいづち》を打ちます。

宮澤蔵相もベーカー長官もタバコは吸わないのですが、ふたりが話をした長官室の部屋には灰皿があったそうです。その灰皿を指して宮澤蔵相は、「この灰皿の販売価格が一夜にして半分になったらどうするんだ」とベーカーに訊いたそうです。そして、「こんなことが、いまの日本では起きている。これはなんとかしてもらわないと困る」と詰め寄ったようです。

しかし、ベーカーは、まともに返答しない。そういうベーカーに宮澤蔵相は苛立っていたわけです。

プラザ合意のときの大蔵大臣は竹下氏で、彼はプラザ合意での円高で、日本経済がどうなるのか、さほど真剣に考えていなかったと思います。それに対して宮澤蔵相は、円高の影響を理解していたし、ベーカーと交渉するだけの根性もありました。

その宮澤蔵相でもベーカーを説き伏せることはできず、円高は進んでいきます。一九八五（昭和六〇）年平均二三八円、一九八六年一六八円、一九八七（昭和六二）年一四四円、一九八八（昭和六三）年一二八円、そして一九九五（平成七）年には年平均で一ドル＝一〇〇円を切りました。

ベーカーは第一次レーガン政権では、大統領首席補佐官を務めています。そしてプラザ合意の前年、一九八四（昭和五九）年にレーガン大統領が二期目に入ると、ベーカーはレーガンを説得して財務長官の座に就きました。それは、レーガン政権の副大統領だったジョージ・ブッシュ（父）を次の大統領にするためです。

テキサス州を選挙基盤にするブッシュとテキサス州出身のベーカーは、盟友と呼べる関係でした。以前から、ベーカーはブッシュのために働いていたのです。

ブッシュを大統領にするには、何よりも産業界からの支持を取り付けることが必要だとベーカーは考えます。しかしレーガンは、国際競争力の低下に苦しむ米国の産業界に手を差し伸べる政策をとろうとしません。このままでは産業界は共和党から離れてしまい、レーガンと同じ共和党のブッシュは大統領になれないかもしれない。

そこでベーカーが考えたのは、ドル高を転換して米国産業界の国際競争力を取り戻し、救うことでした。そのために、彼は財務長官に就任したのです。米国産業界に恩を売り、ブッシュ大統領を実現するためでした。

最大の標的とされたのが、日本でした。

ドル高円安によって日本は米国に対して、鉄鋼、自動車、半導体にスーパーコンピュータまで優位を誇れるようになっていました。世界最大の貿易黒字国でもありました。「ブッシュ大統領」を実現するためには、その日本を叩いて、米国産業界を復活させる必要があったわけです。

そのベーカーを説得して動かすことは、宮澤蔵相も誰もできなかったということです。

FRBの内紛収拾に貢献した日銀

プラザ合意による各国の協調介入で、ドル高はたちまち解消していきます。逆に、ドル安が止まらない状況です。

これに危機感を強めたのが、FRB（連邦準備制度理事会）議長のポール・ボルカーでした。彼は「インフレ・ファイター」、つまり「インフレと戦う人」として名を馳せた人物です。

一九七九（昭和五四）年の第二次オイルショックでの世界的な原油不足で、米国も深刻なインフレに見舞われました。このインフレに立ち向かったのが、議長に就任してひと月あまりのボルカーでした。

彼は一九七九（昭和五四）年一〇月六日に連邦公開市場委員会（FOMC）を緊急招集し、金利中心の政策手段から、通貨供給量（現金と預金の総量）の圧縮を図るという電撃的な金融引き締め策を決定します。この日が土曜日であり、異例な策だったことから「サタデー・ナイト・スペシャル」と呼ばれるようになります。

ボルカーの側近で金融引き締め策を考案したアクセルロッドFRB金融政策局長に私は直接聞いたのですが、このネーミングは、一九七七（昭和五二）年に制作され、主演のジョン・トラボルタの出世作となった米国映画『サタデー・ナイト・フィーバー』をヒントにしたということでした。緊急招集したFOMCの場でボルカーは、「さあ、やろう」と委員たちに呼びかけたそうです。

そのサタデー・ナイト・スペシャルでも米国の高インフレは収まらず、米国は高金利政策を続けます。その結果、他国に比べて米国の金利が高水準になったため、大量にドルが買われ、急激なドル高になりました。水は高いところから低いところに流れますが、資金は（金利が）低いところから高いところに流れるのです。

この「強いドル」を、大統領のレーガンは喜びました。ドル高になると、石油や天然ガス、穀物といった国際商品相場を下落させます。レーガンが「悪の帝国」と呼んだソ連のおもな収入源は原油に天然ガス、穀物であり、その相場が下がれば大きな痛手を被るからです。

しかし、同時に米国の産業界もドル高によって大きな痛手を被りました。その米国産業界を救うためにベーカーが仕組んだのがプラザ合意でした。ボルカーの「サタデー・ナイト・スペシャル」をきっかけにしたドル高によって、米国の消費者物価指数も下がり、インフレ懸念も解消されていきました。

にもかかわらず、ベーカー長官主導のプラザ合意以降、急激なドル安に向かいはじめます。ボルカーはインフレの再燃を懸念しはじめます。しかし一九八六（昭和六一）年当時のFRBでは、ボルカーの影響力が衰えていました。ベーカーの腹心だったM・ジョンソン副議長をはじめ、ベーカー派が多数を占めるようになっていたからです。

一九八六年の二月には、ボルカーの反対を押し切って利下げを決めてしまいます。謂《い》わば、クーデターです。FRB理事会のベーカー派は、金利を下げることによって、景気を拡大させようとしたわけです。

怒ったボルカーは、辞意を固めます。これに慌てたのはベーカーです。レーガン政権とボルカーの対立が表面化すれば、株式など金融市場も動揺するからです。それでは米国の産業界にダメージを与え、ブッシュの大統領当選を危うくさせかねません。産業界を救って恩に着せて「ブッシュ大統領」を実現するのがベーカーの目的ですから、その逆の結果を招いては元も子もなくなります。ベーカーはボルカーと手打ちすることにし、利下げは棚上げされ、ボルカーも辞意を撤回します。

このとき私は、FRBの奥の院まで入り込んでいましたから、その緊迫した様子を間近で取材していました。

ベーカーとボルカーの〝手打ち〟のカギになったのは、じつは日銀の利下げでした。

ボルカーは、米単独で利下げはドル安を昂進《こうしん》させる恐れがあるけれども、日欧が同調して利下げを行えば、金利差の縮小が発生しないので、ドル安は起きないと考えていました。これができれば、ボルカーを納得させることができます。

ところが、欧州、とくに西ドイツ連邦銀行は強硬に利下げを拒否しました。これではボルカーを納得させることはできません。

ところが、日銀だけはＦＲＢとの協調利下げに応じました。ここでも日本は、米国への従順さを発揮したことになります。

その橋渡しをしたのは、大蔵省のワシントン駐在公使でした。前にも述べたように日銀は〝大蔵省本石町支店〟と揶揄《やゆ》されるほど弱い立場で、公定歩合の上げ下げも実質的な権限は大蔵省銀行局銀行課長に握られていました。そして、その大蔵省は、米国に対して極端に弱い。

一九八六年三月にＦＲＢが公定歩合を〇・五パーセント下げると、数日後には日銀も〇・五パーセント引き下げました。さらに四月には、同じ幅で、しかも同時利下げを行いました。歴史的にも前例のない日米協調利下げです。

協調利下げは続き、一九八六年一一月、一九八七（昭和六二）年二月と実施されました。とくに、この二回の利下げは日本における超低金利状況を生みだし、株価も不動産もうなぎ上りに上昇し、バブル経済へと発展していくことになります。

ルーブル合意

異例の日米協調利下げによっても、ドル安は止まりません。西ドイツをはじめとする欧州勢が協調しなかったために、思うような効果が得られなかったのです。

プラザ合意の一年後に一ドル＝一五〇円前後の水準になると、行きすぎたドル安にベーカー財務長官もさすがに焦りはじめました。

そして一九八七（昭和六二）年二月二二日に「ルーブル合意」が成立します。パリのルーブル宮殿で開かれた会議での合意なので、この名で呼ばれています。

プラザ合意はG5による合意でしたが、ルーブル合意はG5にイタリアとカナダを加えたG7の蔵相・中央銀行総裁で行われたことになっています。しかし、実質的な中身はこの前日午後、ルーブル宮殿の「家族の間」で開かれたG5で決まりました。

イタリアとカナダはその晩に開かれる夕食会に招待されることになっていましたが、イタリアの首相はその報告を聞いて約束が違うと怒り出して、蔵相らを帰国させると同時に同年六月に開催予定のヴェネツィアG7サミットを中止すると脅す騒ぎになりました。のちにフランスなどの執り成しで、ルーブル合意にはイタリアも合意したこととし、かたちのうえではG7合意になったのです。

私もワシントンから飛んで取材しましたが、会場から出てきた澄田智日銀総裁が死人のように青ざめた表情で無言だったのと対照的に、宮澤蔵相だけは意気軒昂《いきけんこう》そのものだったことを思い出します。

実際、宮澤蔵相は得意の英語で、英語の本家、英国のローソン蔵相を感心させました。合意の柱はリファレンス・レンジ（参考相場圏）でした。簡単に言うと、合意時の各国通貨の対ドルレートを中心値として、一定幅に抑えようというものです。

具体的にはドルに対する為替の変動幅を中心レートの上下二・五パーセントとし、為替市場介入は各国の裁量に任せるが、それを超える場合、上下五パーセント以内に抑えるよう介入を義務づけるということが決められました。秘密の合意で、中心レートはそのときの相場で、円は一ドル一五三・五円、西ドイツのマルクが一・八二五マルクです。

記者発表される相場圏部分の原案は英語で、「around present levels（現時点の水準周辺）」だったのですが、宮澤蔵相が日本語に直すとあまりにもはっきりしすぎると反対したので、ローソン蔵相が「じゃあ『present』を『current（現行）』にしよう」と提案して合意に漕ぎつけたとローソン蔵相は回顧しています。

私も合意後、しばらくしてFRBの幹部に「current」とは具体的にいつの時点を指すのかと糺《ただ》したら、あれはちょうど合意の時点（at the present time）のレートのことだよ、とあっさりと認めていました。「present」も「current」も米当局者にとってはどうでもよいことだったのです。

しかし、米当局以上に英語の語感に敏感な宮澤蔵相は具体的な中心レートがバレると、投機筋につけ込まれると恐れたのです。

澄田総裁がやつれきったのにはわけがあります。

為替安定に影響する金融政策については公式の合意文書では触れませんでしたが、実際には激しい議論がありました。為替相場の安定に向けて金融政策の果たす役割の重要性を米国側が主張したのに対し、西ドイツは強く反対しました。にもかかわらず日本側はおおむね同意せざるを得なかったのです。米国はドルが弱くなると日独が金利を下げるよう求めます。しかし、ドイツは逆に米国が金利を引き上げるべきだと反論します。それに対して、対米協調利下げに応じてきた日本はそこまでは言えませんでした。もとより、大蔵省の〝日本橋本石町支店〟と揶揄される日銀の発言力は弱かったのです。

実際、合意から一週間もしないうちに、西ドイツが介入から撤退し、ルーブル合意は崩壊します。もともと西ドイツは、「為替市場を当局がコントロールしようとすること自体が無理」という考えに立っていましたから、協調介入には否定的でした。

為替市場への介入を拒否しただけでなく、西ドイツは公定歩合の利上げに動きはじめます。西ドイツが利上げすれば国際的な資金はそちらに流れるので、日銀も無視はできず、利上げを臭わせはじめます。

これにベーカーは怒り出します。日独が利上げに動けば、国際資金は両国に流れドルは一斉に売られることになるからです。さらにドル安を加速させることになり、米国国債が売られ、米国の市場金利は上昇し、米国の景気に悪影響を与えることになります。そうなると共和党に対する産業界の支持は弱まり、ベーカーの目指す「ブッシュ大統領」の実現も遠のきます。

それでも、一九八七年九月、ボルカーに変わってFRB議長に就任したグリーンスパンはドルの安定を目指し、単独利上げに踏み切りました。すると、西ドイツ連銀は間もなく利上げします。ベーカー長官は米利上げ効果を台無しにすると激怒し、公の場でも西ドイツを非難します。

米国と西ドイツの仲は険悪となり、G7協調体制にヒビが入りました。そこを投機勢力に衝かれ、ドル相場の下落が続くことになってしまいました。その結果が、一九八七年一〇月一九日に起きたニューヨーク株式市場での大暴落でした。月曜日に起きた悲劇ということで「ブラック・マンデー」と呼ばれることになります。

じつは、ブラック・マンデーが起きるしばらく前に私は、ベーカー財務長官への単独インタビューを依頼していました。

そのころには、日本の官庁内を記者が自由に歩き回るのと同じくらいに、米財務省のなかを歩き回っていました。それができたのは、地元の財務省担当記者に日本の状況を教えていたからです。そうすると、向こうもベーカー長官らの動静を教えてくれるようになります。

外国人記者には知らせない会見もけっこうあったりして、そういうときに地元記者が「今日は長官の会見があるよ」と耳打ちしてくれます。それで会見場に入ると、広報部長が「ここは外国人記者を入れないから勘弁してくれ」と真っ青な顔色で飛んでくる。日本ではよく、記者クラブの閉鎖性が問題になっていたころですが、とんでもない。米国も同じなのです。

こちらも簡単には引き下がらない。そういう場面が何回かあると、広報部長も音《ね》を上げたのか、真剣になって長官インタビューの手配をしてくれると約束してくれました。しつこさは私の好みではありませんが、誰も知らないことを知ろうとする以上、あきらめるわけにいきません。

それで機会あるごとに催促しました。それでも「待ってくれ」の返事が多い。ちょうどルーブル合意の破綻で、米金融市場は揺れはじめていて、円高も続きました。ベーカー長官との単独会見には絶好のタイミングになるはずなので、落ち着きません。

いつの間にか、空腹時に胃がチクチク痛むようになります。兄が医者なので電話で相談すると、「それは胃潰瘍《いかいよう》だぞ」と言うので日本から特効薬を送ってもらい、飲むとけろりと治りました。その翌年、ワシントン駐在から戻って日本で検査したら、胃潰瘍で開いた穴の痕跡がふたつあると言われました。

八月には夏休みを取ってコロラド・ロッキー山脈登山を考えていたので、広報部長に催促の連絡を入れたところ、「八月のはじめは無理だから、夏休みを取ってくれ」との返事でした。

ベーカー単独インタビューが実現したのは、九月初旬でした。長官の部屋からはホワイトハウスの南庭が見渡せます。ベーカーは、私の質問に真摯に答えてくれました。彼が熱心に語ったのは、「米国はドルの安定でいかに日本の協力が必要か」ということでした。日本の新聞紙面で訴え、日本の世論を動かしたい政治的意図が彼にはあったと思います。西ドイツの利上げに日本も乗っかれば、米国は窮地に陥ります。それを日本にさせたくはない、と考えながらインタビューに臨んだのでしょう。

当初、会見時間は三〇分でしたが、ベーカー長官のほうは、冷然とした女性秘書官が時折送ってくる時間切れのメモを無視し、インタビューは一時間を超えていきました。「ベーカーは相当に焦っているな」と、そのとき私は感じました。

実際、日銀には利上げの動きがありました。日銀の澄田智総裁は、あちこちの講演で利上げの必要を説いていました。日経の日銀担当記者から私にもたらされる情報でも、西ドイツに続けとばかり、日銀内部は利上げに向けて動いているようでした。

それでも、単独会見の約ひと月後、ブラック・マンデーが起きてしまいました。史上最大の株価暴落ですから、大恐慌の再来かとの憶測が流れる始末です。

私はそのとき、CNNに呼ばれ、座談会で今後の情勢についてしゃべらされました。米国は当時、たしかに金融市場は揺れていましたが、ドル安効果もあって製造業を中心に景気は悪くはない。日本は円高につながる利上げは見送るだろう。だから、大恐慌時代に戻るとは考えられないと述べたわけです。

前述したように、この年の八月一一日にボルカーが退任し、アラン・グリーンスパンがFRB議長に就任していました。そして九月には、ドル相場の安定とインフレ懸念を抑えるために、グリーンスパンは利上げに踏み切りました。ベーカーは利上げに反対でしたが、グリーンスパンを抑えることができなかった。ただ景気は上向いていたのです。

そのグリーンスパンが、ブラック・マンデー後に、利下げに転じます。一九八七年一一月から一九八八（昭和六三）年二月にかけて、三度もの利下げを実施しました。この間に私は、頻繁にFRBに呼ばれました。副議長のジョンソンや理事たちは、私を前にして深刻な表情で、一九二九（昭和四）年一〇月二四日に起きたニューヨーク株式市場の大暴落（暗黒の木曜日）をきっかけとする大恐慌を再発させないためには、日銀の金融緩和の継続がいかに必要かを必死に説くわけです。

私は一九八八年二月末にはワシントンの駐在が終わり、帰国する予定になっていました。その直前にも、FRBのジョンソン副議長に呼ばれました。ジョンソンはベーカー財務長官がボルカー議長時代にFRBに送り込んだ腹心中の腹心です。彼とはほぼ二年間の交流があり、円ドル相場や金融市場が揺れるたびに、取材源を明らかにしない条件で会っています。

後任の記者を同行して紹介し、パイプを引き継ごうとしたのですが、「内密の話だからダメだ」と断られたので、ひとりで出向きました。

そのときの話は、市場安定に向けたFRBと日銀の金融政策調整で、実質的には日銀の利上げを牽制《けんせい》する内容でした。ニュース源は秘匿する条件なので、「米通貨金融当局筋」とするしかありません。それが、帰国する私に託したベーカー財務長官とその腹心のジョンソンＦＲＢ副議長の日本へのメッセージだと直観しました。

ただちに、原稿にして翌日の日経朝刊の一面トップ記事になります。新聞で活字になる前には速報で電波に乗ります。米市場にも衝撃を与え、円ドル相場を動かします。「米通貨金融当局」とは何者か、慌てた米メディアの記者から問い合わせが殺到し、ほうほうの体で帰国しました。

日本の銀行に対する米国の強い風当たり

プラザ合意がもたらした円高は、日本の銀行の国際競争力を高めることになりました。単純に言えば一ドルを調達するのに、プラザ合意前は二四〇円必要だったのがプラザ合意後の円高状況では一二〇円で済むからです。豊富な資金を得やすくなったことになります。

その資金によって日本の銀行は、海外での活動を活発化させます。代表的な例が、一九八六（昭和六一）年に住友銀行（現・三井住友銀行）から米国の証券会社の「ゴールドマン・サックス（ＧＳ）」への出資でした。

これに横槍を入れてきたのがＦＲＢです。ＦＲＢが審査し、そのための公聴会を開くというので、私も出席しました。

ＦＲＢのボルカー議長が直々に、日本から呼んだ住友銀行の国際担当役員を質問攻めにします。先述のようにボルカーは身長二メートルを超す大男ですが、住友銀行の役員はかなり小柄でした。大男が小柄な日本人に対して、「住友銀行が証券業務への進出を狙っているのは見え見えだ」と言わんばかりに、仁王様のごとく、詰問するのです。攻撃と表現したほうがいいくらいの口調でした。さながら日本が占領軍の統治下に置かれているような錯覚に陥ったものです。

住友銀行の役員はというと、対決する姿勢はなく、「そういうことは毛頭ございません」と弁解してばかりでした。もう、被告席に立たされている被告そのものです。

最後のボルカーの台詞が、「I'm mystified.（お前の言っていることはわからん）」でした。最後の最後まで居丈高で見下す態度でした。

ＦＲＢの横槍で、ＧＳへの住友銀行の出資は大幅に引き下げられ、しかも取得するのは議決権のない株式だけと制限されます。さらに、ＧＳは住友銀行からの実習生を受け入れてはいけないし、東京で計画していた両者の合弁会社にも住友銀行は人を送り込んではいけないとされました。住友銀行にしてみれば、屈辱だったはずです。一方でＦＲＢや米金融界には、日本が金融で米国を呑み込んでしまう恐怖があったと思われます。

さらにこんなことがありました。一九八六年の初めごろだったと思いますが、ＦＲＢのマーチン副議長にインタビューしたときに、気になることを口にしました。それは「これから日本の銀行のキャピタル（資本）を問題にしなければならない」というものです。そのときは、私も気付かなかったのですが、彼が言ったのは「BIS（国際決済銀行）規制」の話だったのです。

当時の日銀ニューヨーク駐在参事に、「ＦＲＢでこういうことを聞いたけれど、何か思いあたることはあるか」と訊いてみたのですが、「そんなの聞いたことないな」というのが彼の返事でした。もっと調べればよかったとあとで悔やみました。

ＢＩＳ規制は、一九八八（昭和六三）年七月にＢＩＳの常設事務局であるバーゼル銀行監査委員会で合意された、銀行の自己資本比率規制のことです。国際的に活動する銀行に対して、八パーセント以上の自己資本比率を求めるものでした。マーチン副議長はその検討に入っていることを匂わせたのに、フォローできなかったのは私の力不足でした。

総資産に占める自己資本の割合が自己資本比率です。貸出金を回収できなかった場合、銀行は自己資本を取り崩して穴埋めしなければなりません。自己資本比率が高いほど、貸出先が倒産して貸出金を回収できない貸し倒れなどのリスクに対応する力が強いわけで、銀行の健全性を示す数字とされています。

ただし、この自己資本比率を計算するための資産や資本の定義は、各国バラバラで統一されていませんでした。ＢＩＳ規制を定めるにあたって、米国と英国で合意して提案してきた世界共通の自己資本比率の算定式によれば、当時の日本の銀行の自己資本比率は二～三パーセントにすぎませんでした。

米国と英国の提案通りに決まれば、日本の銀行は国際的な活動はできなくなってしまいます。ＢＩＳ規制は、米国と英国が準備した〝日本潰し〟の策だったわけです。それほど米国や英国は日本を恐れていたことになります。

もちろん、日本も黙って潰されたわけではありません。日本の銀行にＢＩＳ規制が適用されるのは一九九三（平成五）年三月末からですが、その間に日本側も手を尽くします。

米英の提案する計算式で日本の銀行の自己資本比率が低くなってしまうのは、保有株式の含み益を資本に組み入れなかったからです。銀行が企業の株式を保有するのは、謂《い》わば、日本の〝慣例〟でした。そのため、日本の銀行では資本に占める株式の含み益の割合が、他国に比べて極端に高くなっていました。それを資本として認めないのは米英の銀行にしてみれば問題はないのですが、日本だけがダメージを受けます。ＢＩＳ規制が〝日本潰し〟を目的としているのなら、これほどの妙案はありません。

しかし、大蔵省をはじめとする日本勢は、株式の含み益の一部を自己資本に組み入れさせることに成功します。日本の銀行がＢＩＳ規制で国際的な活動を禁じられることにはならなかったのです。

日米半導体協定の裏

米国での取材で面白いのは、敵対心を持っている相手でも、フトコロに飛び込んでコンタクトすると、率直に話してくれるところです。

プラザ合意の翌日、一九八五（昭和六〇）年九月二三日にレーガン大統領が新通商政策を発表します。ここで貿易相手国の不公正貿易慣行に対しては断固として対処する姿勢を強調し、不公正貿易慣行には通商法三〇一条を適用すると言及しました。

三〇一条は、一九七四（昭和四九）年に制定された米国の包括通商法のひとつで、不公平貿易について相手国と協議しても解決できない場合には制裁措置を発動するというものです。

その新通商政策で米国が念頭に置いていたのは、日本の半導体でした。七〇年代後半から日本の対米半導体輸出が増加した影響で、米国の半導体産業は不況に陥りました。一九八五年にはテキサス・インスツルメンツ（ＴＩ）が大量解雇を行い、インテルやナショナルセミコンダクター（ＮＳ）、モトローラも操業時間の短縮に追い込まれています。

この事態は、日本の半導体メーカーがシェア拡大のために国内市場より安い価格で輸出している（ダンピング）からだと、米国メーカーは批判を強めていました。そしてそれは、レーガンも無視できないところにまできていました。そこで新通商政策です。

日米の半導体摩擦の背景を取材しようと、マイクロンに取材を申し込みました。同社は、一九八五年に、日本の半導体メーカーが不当にＤＲＡＭ（当時は64Ｋ）を安売りしているとしてダンピング訴訟を起こしていました。

マイクロンの本社はアイダホ州ボイシ市にあります。といっても市街からクルマで一時間ほどの距離で、砂漠のなかのような場所でした。じつはマイクロン本社には、カリフォルニアでの日米首脳会談を取材した帰りに寄ったことがありました。米国の半導体メーカーを見てみたくて、アポイントなしで訪ねたのです。

突然の訪問にもかかわらず、経営者が会ってくれました。当時の経営者は、創業者でもあるジョー・パーキンソンとウォード・パーキンソンの兄弟でした。会って「日本経済新聞社の記者です」と自己紹介すると、いきなり「お前は日本のスパイだろう」とケンカ腰です。「誰のためでもなく、事実を知りたくて来た」と話していると、だんだん打ち解けて、帰るときには「また来いよ」と言ってもらいました。

そういう縁があったため、マイクロンがダンピング訴訟を起こしたというので、すぐにパーキンソンに電話しました。「何を訊きたいんだ」と言うので、「ダンピングのことで訊きたい」と用件をもちだすと、「あれはＣＩＡを使ったんだ」と答えられて驚きました。

アイダホ州選出のスティーブ・シムズという上院議員がいて、彼は安全保障問題のプロでＣＩＡにもつながっていました。そこでＣＩＡに調べさせたら、香港を中心に徹底的に調べたらしく、「そのデータでダンピングが立証できる」ということになったのだそうです。そういうことまでやるのが、米国の恐ろしさです。その一方で、正面から訊けば、きちんと答えてくれる。それも米国です。

米国メーカーの動きを受けて、レーガンが新通商政策を発表し、半導体が日米の政府間での大きな問題になっていきます。そして一九八六（昭和六一）年九月二日、日米半導体協定が締結されます。米国政府が日本のメーカーごとに公正市場価格を設定し、その価格以下で販売するとダンピングと見なされ制裁措置が科される内容でした。これによって日本の半導体産業は、急速に競争力を失っていきました。

安倍晋三氏とドル札

ワシントンは、もちろん米国の政治の中心地ですが、同時に世界の政治の中心地でもあります。それだけに、いろいろな人に会う機会がありました。

敗戦後ＧＨＱで働き、その後も日本を属国化するための工作で黒幕として動いていたという日本人に会ったこともあります。あるいは、ワシントンのロビイストの長老にも知人の紹介で会ったこともあります。いずれも、「誰か政界の大物に会いたければ紹介しよう」と言ってくれました。

たしかに、そういう人物の力を借りると、ビッグ・インタビューも可能だろうとは思いましたが、その半面、こちらが利用される可能性も大きいわけです。日本叩きに利用されそうな情報を要求されることもあり得るわけです。そういう交換条件で情報を入手しようとは思わなかったのも事実です。そういうコネを当てにすると、碌《ろく》でもないことに巻き込まれる危険みたいなものも感じました。やはり、時間はかかるかもしれませんが、自力で人脈を開拓することに徹しました。

米国側だけではありません。日本側も、ワシントンで情報を得るためにいろいろな動きをしています。

例えば、前述しましたが、当時は外務大臣でワシントンを訪問していた安倍晋太郎氏をホテルの部屋に訪ねて取材したことがあります。取材が終わって、部屋の外に出ると、そこに子息の晋三さんが待ち構えていました。のちに歴代最長期間、宰相を務めましたが、二〇二二（令和四）年七月に凶弾に斃《たお》れた安倍晋三さんです。そのときは、サラリーマンを辞めて晋太郎氏の秘書になったばかりです。

そして、晋三さんから「これ、どうぞ」と封筒を差し出されたのです。何かと思って中身を見てみると、そこにはドル札が何枚か入っていました。

おクルマ代という程度の配慮で、ありがたく頂戴するべきだったかもしれません。でも、受け取ってしまうと、ワシントンで晋太郎氏のために情報を報告したり、動いたりしなくてはならなくなるかもしれません。考えすぎかもしれませんが、丁重にお返ししました。

このときは、一九八五（昭和六〇）年九月のプラザ合意があった直後ごろです。自民党総裁選、首相の座にも執念を燃やしていた晋太郎氏ですから、ワシントンでも、さまざまな情報源をもっていたはずです。もちろん、私の力などあてにするはずはないのですが、それでも私は負い目を少しでも感じるようになるのはジャーナリストとしてまずいとの思いがあったわけです。

遥かのちに、安倍晋三さんが首相として、アベノミクスを提唱、推進されました。安倍さんには、首相一期目で体調を崩されて退陣し、捲土重来《けんどちょうらい》を期しておられた時期があります。私は親しくしていた映画俳優・監督の故津川雅彦《つがわまさひこ》さんに声をかけられ、銀座での昼食会に行くと、安倍さんがおられて挨拶申し上げたのですが、ワシントン時代の話は出ずじまいでした。安倍さんはもちろん、忘れておられたのではないかと思いますが、私のほうから切り出す気にはなりませんでした。やはり、ジャーナリストとして、有力政治家には付かず離れずがよい、と勝手に考えたのです。

そのあと、安倍さんとは再会しています。拓殖大学で開かれた市民向けのシンポジウム講師を務めたとき、安倍さんが同じく登壇されていたのです。このときも簡単に挨拶しただけですが、驚いたことに、安倍さんは金融政策に詳しい。金融緩和主導で脱デフレを目指すべきだと述べられた。私の話とほぼ同じ内容なので、私は慌てて財政出動の重要性を強調したものです。

そして、このシンポの約一年後、安倍さんは首相に復帰されたのです。

私はアベノミクスの基本的な考え方には賛同しますが、あくまでも是々非々です。消費税増税や緊縮財政に引きずられる安倍さんを厳しく批判したのですが、安倍さんから精神的に自由だったからこそ、遠慮なく書けたのです。

翌年の一九八六（昭和六一）年七月に、晋太郎氏は福田赳夫《ふくだたけお》氏から清和政策研究会の派閥を引き継ぎます。一九八七（昭和六二）年に中曾根康弘氏の総裁任期切れが近づくと、晋太郎氏のほかに竹下登氏、宮澤喜一氏が出馬を表明します。晋太郎氏有力と思われていたのですが、最終的に中曾根氏の指名に委ねられ、一〇月二〇日に中曾根氏は竹下氏を指名し、一一月六日に竹下内閣が成立します。

竹下内閣が成立すると、晋太郎氏は自民党幹事長に就任しました。「ポスト竹下」の最有力候補として自他ともに認める存在でしたが、一九八八（昭和六三）年に発覚したリクルート事件に自身の秘書が関与していたことで、「役職辞退」に追い込まれてしまいます。その翌年には、膵臓《すいぞう》がんによる手術を受け、長期入院を余儀なくされました。

その後も健康に不安を抱えながら政治活動を続けますが、首相の座を狙う力は失っていきます。そして、一九九一（平成三）年一月に亡くなりました。政治家安倍晋太郎には内心は期待する気持ちが強かったので、残念でした。

ベルリンの壁崩壊

一九八九（平成元）年一一月九日、東西ベルリンを分断してきたベルリンの壁が崩壊しました。

東ドイツ市民の大量出国が止まらない事態に東ドイツ政府が、旅行及び国外移住の大幅な規制緩和の政令を出し、それを「事実上の旅行自由化」と受け取ったベルリン市民がベルリンの壁に殺到し、翌日にはベルリンの壁の撤去作業が始まりました。

その翌年に私は、元西ドイツ大蔵省次官のハンス・ティートマイヤーを、西ドイツの首都ボンにある彼の自宅に訪ねていました。

ティートマイヤーに会いに行ったのは、年始特別記事の取材のためです。彼は西ドイツ大蔵省次官としてプラザ合意・ルーブル合意の裏方を務め、のちに西ドイツ連銀総裁として東西両ドイツ統合と欧州共通通貨「ユーロ」の立役者になります。

ボンの自宅でティートマイヤーは「日本はなぜ自国の金融政策を自国のために行おうとしなかったのか」と訝《いぶか》しみました。彼は「我が国の余剰貯蓄は東西ドイツ統合のための予備軍であり、自国のために使うのだ」と言いました。

そのインタビューを終えて、壁が崩壊したベルリンに飛びました。東ベルリンの市庁舎に行って役人に取材しましたが、ただ呆然としている印象でした。走っているクルマもボロボロだし、工場もボロボロ、「これから西ドイツの力を借りて再生しなければいけない」と話していました。

「再生のために、まず何が必要か」と訊いたら、「土壌汚染をきれいにしなければならない」という返事でした。工場などの汚染を垂れ流しにしていたので、とにかく土壌汚染が酷く、西ドイツの産業界が投資を渋っているとのことです。

その東ベルリンから西ベルリンのホテルに戻るのが大変でした。地下鉄を使わなければならないのですが、どの路線でどの駅で降りればホテルに辿り着けるか、迷ってしまったからです。尋ねようにも、壁が崩壊した直後の東ベルリンでは英語のわかる人がほとんどいない。ウロウロしていたら、偶然、英語のわかる人に出会って下車する駅まで案内してもらい、ようやくホテルに戻りました。

第四章

激動の時代

一九九〇年代――

バブル崩壊の幕開け

一九九〇（平成二）年は株式市場の大暴落で始まりました。そのきっかけになったのは、前年一二月二六日に当時の大蔵省（現・財務省）証券局長・角谷正彦《かどたにまさひこ》氏の名前で出された「証券会社の営業姿勢の適正化及び証券事故の未然防止について」という通達でした。

証券会社が法人や投資家から一任されて株式売買を行う際に、損失を補償、補塡《ほてん》することが証券界の慣例としてありました。運用を証券会社に一任してしまえば運用方法に悩まずに済むし、それで損しても補塡してもらえるとなれば、企業や機関投資家は苦労せずに儲《もう》けることができます。証券会社としても、多くの資金を集めて運用でき、それによって手数料で稼げます。その仕組みが、「営業特定金銭信託」（営業特金）です。

こうして証券市場に多額の資金が流れ込み、株価を押しあげて、バブルと呼ばれる状況になっていました。通達が出された三日後の一二月二九日は証券取引所の最後の取引日となる「大納会」で、日経平均株価の終値は三万八九一五円と史上最高値を記録しました。誰も通達の重みに気づいていなかったからです。

しかし、正月明けに屠蘇《とそ》気分も抜けきらないなかで出社してきた証券マンたちは、証券局長通達の存在を知って青ざめました。損失補塡ができないとなると、企業や機関投資家から資金を集めることが一気に難しくなるし、そうなると株価の暴落は容易に想像できたからです。実際、三万円を大きく超えていた日経平均株価は、九月には二万円台にまで下落していきます。

この大暴落を招いた通達案を書いたのは、当時の証券局の官僚で、現在はエコノミストで嘉《か》悦《えつ》大学教授の職にある高橋洋一《たかはしよういち》氏でした。角谷局長の指示で営業特金を調査した高橋氏の見解は、「損失補塡は証券取引法違反だが、法律に不備があって営業特金は法律違反にはならない」というものでした。厳密に言えば法律違反なのだが、法律に不備があって取り締まれない、というのです。

かといって放置しておけば、必ず大蔵省が責任を問われることになります。法改正では間に合わないので、角谷局長は「通達を出す」と判断したのです。

通達の文案を高橋氏が角谷局長に提出すると、三〇秒で「これでいいよ」という返事が戻ってきたそうです。そして通達を出すのが一二月二六日になったのは、この日が役所の年末最終日で、翌日から休みに入るからでした。

通達の文案を出すとき、高橋氏は角谷局長から「株価は落ちるか」と訊かれて、「二万円台まで落ちます」と答えたといいます。まさに、高橋氏の予測は当たったわけです。そして株式市場の低迷は、続きました。

イトマン事件

総合商社「伊藤萬《いとまん》株式会社」(以下、イトマン)をめぐる、商法上の特別背任事件が世間を騒がせました。いわゆる、「イトマン事件」です。

日本の株式バブルのピークが一九八九(平成元)年一二月末で、日経平均株価は三万八九一五円を付けましたが、一九九〇(平成二)年の新春から下落を始め、株価が二万円割れしそうな情勢でした。ただ、当時はいずれ反転するとの楽観ムードが漂っていました。

一九九〇年九月一五日、土曜日の午後。筆者は当時、経済部の編集委員で米国や欧州を飛び回っていましたが、ちょうど海外出張の合間の週末にデスク仕事をさせられていました。

週末は通常、現場からの書き置き原稿をもとに紙面を編集するので、平日のような緊迫感はありません。上がってくる記者はおらず閑散としています。が、ふと見ると大塚将司《おおつかしょうじ》記者が横に来て原稿をすっと出しました。彼の取材能力はず抜けています。部下の面倒見もよいほうです。ただ、相手が上司であろうとなかろうと自説に自信を持ちすぎる面があり、経済部内では異端児視されがちでした。私とは妙にウマが合いましたが、いつもの調子でぶっきらぼうです。「何だ、これは?」――数字と事実だけを淡々と並べた原稿でしたが、ことの重大性はただちにわかりました。「これは超弩級《ちょうどきゅう》のスクープじゃないか。一面アタマにするから、意味付け、解説込みに書き直せ」と指示しました。しかし大塚記者は「三面の段物でいい」と譲りません。

出された原稿の全文を以下、紹介しましょう。あとで述べるように、記事化を優先するため、そのまま全文を翌日九月一六日付朝刊で掲載したのです。

〈過大な不動産投資が問題になっている伊藤万グループの主取引銀行の住友銀行が大蔵省・日銀に報告した同グループの今年六月末の資産・負債の内容が十五日、明らかになった。報告によると、不動産・有価証券関連の投融資額は一兆三千五百億円強で、三カ月間で約二千四百五十億円も増加した。特に、大平産業（本社、大阪市）など不動産業向けを中心とした貸付金は合計一兆円を超えた。その結果、有利子負債は約二千億円増加、一兆四千六百億円を上回った。また、投融資のうち、旧杉山商事（現イトマントータルハウジング）に対する約千五百億円の六割にあたる約八百七十億円が固定化しているのも分かった。これ以外にも固定化しているか、含み損を抱えた資産がある可能性もあり、住友銀行は資産内容の調査を急ぐ方針だ。

報告しているのは伊藤万、イトマンファイナンス、イトマントータルハウジング、伊藤万不動産販売の中核四社を連結した数字。投融資の内訳を見ると、旧杉山商事のほか、南青山の土地取得で八百億円強、奥志摩の土地取得で約百四十億円、大平産業で、不動産肩代わり約四百六十億円、貸付金約八百二十億円の合計約千二百八十億円。

また、六月に伊藤万常務に就任した伊藤寿永光・協和綜合開発研究所代表取締役の関連ではゴルフ場約七百二十億円、不動産約八百三十億円などあわせて約千七百十億円ある。さらに、大口貸付先として大正不動産（本社、大阪市）四百五十億円弱、大和地所（本社、大阪市）四百億円弱などがあり、その合計は三千八百五十億円に上る。

一方、有利子負債の内訳は借入金が三月末比千九百億円増の一兆二千三百億円、CP（コマーシャルペーパー）が百五十億円増の千四百億円。このほか、伊藤万による保証の予約も二百六十億円弱あるという。

伊藤万は繊維中心の中堅商社だが、多角化の一環として不動産事業に進出。ここ二、三年で、不動産投資を急拡大させている。

連結ベースの平成二年三月末では、不動産・有価証券関連の投融資額が一兆千百億円弱、そのうち不動産関連中心の貸付金が七千六百億円。原資となる有利子負債も一兆二千六百億円強にふくらんだ。

こうした負債と資産の急膨張が四月以降も続いているわけだが、今年に入ってからの金利の急上昇で、金利負担が重くのしかかっている。しかも、取得した不動産の大半が商品化に時間のかかるものばかりなのが実情。このため、住友銀行は不動産投資の圧縮による借入金の削減が必要と判断、資本参加した雅叙園観光との不透明な取引関係も含め、資産内容の調査をしているもの。

大蔵省・日銀は地価抑制策の一環として不動産業向け融資の総量を規制、ノンバンク向けなどの融資実態の報告を銀行に課しており、伊藤万グループの不動産投資の内容にも重大な関心を持っている。住友銀行がその内容を報告したのは大蔵省・日銀の要請による。〉

じつは一面トップについては、事前に電話で経済部長に報告する必要があるのです。大塚記者は「そうしたらこの記事は潰されるよ。あんたは事情を知らないからそう考えるのだろうけどね」と言います。

たしかに、筆者は海外に滞在する日数が国内よりも多いくらいだから、図星かもしれない。それにしても、記事を矮小化《わいしょうか》して碌《ろく》なことはないはずだと、私は考え込みました。

大塚記者の口ぶりから察すると、編集幹部は住友銀行（現・三井住友銀行）の信用不安につながりかねない報道を自粛、抑制していたのです。筆者自身、編集幹部にこっそり会いに来た住銀の巽外夫《たつみそとお》頭取を編集局内で目撃しています。「さもありなん」です。

大塚記者はイトマン・住銀問題の扱いに慎重な上司の意向に忠実なデスクなら、記事自体を棚上げにしてしまうと恐れたのです。編集委員として社内事情に疎《うと》いうえに、空気を読まない、そう大塚記者が目をつけた筆者がデスク席に座る日をわざわざ選んで、出稿してきたのです。センシティブな記事はいったん待ったがかかると、そのままお蔵入りにもなりかねないのです。それでは元も子もありません。

結局、一面トップは断念し、第三面三段見出しで全文掲載しました。三段記事としては異例に長い重大記事〈伊藤万グループ、不動産業などへの貸付金、1兆円を超す〉が翌日の朝刊に載りました。

それで注目したのは、他紙はどう反応するか、です。案の定、どこも後追い記事を出しません。新聞社の習癖として、できることなら他紙の後追いはしたくないのです。一面トップなら各紙の編集陣はライバル紙が後追い記事を書くと見込むので、無視するわけにいかなくなります。遅れると〝特オチ〟になってしまい、挽回するのが大変になってしまうからです。

ところが三面段物で数字だらけの記事なら、まあ参考にしておき、新材料をまぶして後日自社の〝特報〟とすればよいというわけです。そうなると、我々の出した記事は新聞業界でいう〝特報〟とはみなされません。

恥ずべきことに、日本経済新聞社は事件の矮小化に努めたのです。九月二〇日付では朝刊一面で〈伊藤万、債務3500億円圧縮——不動産売却、住銀も協力〉となり、不良債権問題なし、謂《い》わばマッチポンプです。住銀とイトマンの両首脳に依頼された別の記者が書いたのです。これを読めば、何だ、いつもの日経らしい財務専門情報記事で、不良債権にはなりそうにないじゃないか、と誰もが思います。他紙は静かです。

他紙が一斉に大騒ぎしはじめたのは、一〇月一七日に磯田《いそだ》一郎《いちろう》会長が辞任表明してからです。住銀に忖度《そんたく》して真相を隠したことが日経に祟《たた》ります。

日経社内を騒然とさせたのは、一九九一（平成三）年一二月一九日のことです。同日、大阪地裁イトマン事件公判の検察側冒頭陳述で、小早川茂（韓国名・崔茂珍《チェムジン》）被告が、イトマンのマスコミ対策の一環として「日経社内の協力者に一〇〇〇万円を渡して情報を得た」と供述したというのです

　小早川被告は、許永中《きょえいちゅう》被告と同じ在日韓国人で、関西学院大学在学中は学生運動に関わります。その後、山口組系暴力団柳川組に取り入ってその秘書となり、総会屋として活動し、自身の経営する不動産開発会社に対するイトマンの不正融資一〇億円を受けていました。その見返りがマスコミ工作だったのです。

　小早川被告は、日経社内の協力者にイトマンに関する記事の執筆者名、ニュースソースを探るように依頼しました。小早川被告は執筆した大塚将司記者についての個人情報を得ていることを供述しています。

　しかし、公判が開かれても「日経内の協力者」の氏名は明らかにされません。

日経では社内調査委員会（委員長棗田常義《なつめだつねよし》専務取締役＝当時）が発足しましたが、一二月二七日には、「協力者、現時点で該当なし」の本社調査中間報告を日経朝刊に掲載しました。さらに一九九二（平成四）年一月三一日、新井明《あらいあきら》社長（当時）が筧栄一《かけいえいいち》検事総長と面会。協力者の氏名を明らかにするよう質問書を手渡しましたが、二月一〇日には検事総長がイトマン質問書について「回答できない」と新井社長に伝えました。そこで、棗田調査委員長は「日経社内の協力者は実在しない」として、調査終了を発表したのです。

しかし、冒頭陳述によれば、小早川被告のマスコミ対策は、日経のほか『経済界』『週刊新潮』に対して行われています。このうち『経済界』『週刊新潮』については事実であると判明しているため、日経社内では「やはり誰かいるのではないか」と、何ともすっきりしない空気が消えなかったのです。

私として何とも言えぬ無念さが消えません。小早川被告が「日経内協力者」にカネを渡したのは一九九〇年一〇月九日ごろだと冒頭陳述にあります。私がデスクでイトマン問題の詳細な記事を全文載せたのは九月一六日付です。日経内協力者が実在しようとしまいと、この三段記事がイトマンや小早川被告を動かしたことに間違いはありません。

重大ニュースにふさわしくない数字だらけの記事のあと、日経はマッチポンプ式の記事を出しています。

「九月一六日付記事を一面トップ、解説付きで掲載していれば、他紙も追随し、付け入れられることはなかったのではないか」と悔やんだものです。

日経はイトマン事件の黒幕たちからはなめられていたのです。大塚記者自身が二〇二〇（令和二）年に書いた『回想　イトマン事件』（岩波書店）はそのあたりのことを克明にしています。同書では、大塚記者が内部通報者である元住銀取締役の國重惇史《くにしげあつし》氏との細かなやりとりにも触れています。

大塚記者の情報源は、いまだから言えますが、國重氏でした。あまりに杜撰《ずさん》なイトマンの融資に、これでは住銀にも影響があると危惧《きぐ》した國重氏は、大塚記者に情報を流していたのです。ふたりは、イトマンに関する怪文書をつくって流すなど、いろいろ工作もしていたようです。

國重氏も二〇一六（平成二八）年一〇月に『住友銀行秘史』（講談社）を出版し、内幕を暴露していますが、そのなかで國重氏は、住銀や大蔵省（現・財務省）などのイトマン事件処理の生ぬるさがその後の「空白の一〇年」につながったと指摘しています。

経済メディアとしての日経にもその言葉が当てはまると、一九九〇年九月当時の紙面編集に深く関わった私自身、内心忸怩《じくじ》たる思いで同書を読んだものです。

イトマンの当時の社長は河村良彦《かわむらよしひこ》氏で、彼は一九七三（昭和四八）年のオイルショックで経営が悪化したときに、主力銀行である住友銀行から送り込まれた人物です。その住友銀行で〝天皇〟と呼ばれた当時の磯田一郎会長の後ろ盾でワンマン体制を敷いた河村氏は、不動産投機や絵画・骨董品《こっとうひん》を法外な値段で購入するなど背任行為を続けていきます。その過程で、伊藤《いとう》寿永光《すえみつ》常務（イトマン事件で実刑確定）や〝闇の紳士〟の異名をとった許永中（イトマン事件で実刑判決）など怪しげな人物とも密接な関係を結んでいきます。そのなかで背任行為に手を染めていくわけです。

そのイトマンの巨額の不動産投機が破綻して事件に発展していくのは、不動産バブルが崩壊したからです。

プラザ合意以降も日銀は低金利を継続し、銀行の不動産向け融資が急増していきます。それによって不動産価格が高騰し、それが投機を煽り、さらに不動産向け融資は増えていきました。イトマンも、そこに飲み込まれたと言えます。

過熱した不動産投機を抑制するため、大蔵省は再三にわたって通達での指導を行いましたが、とても止まりません。そこで一九九〇年四月、不動産向け融資の伸び率を貸出全体の伸び率を下まわるように求めた通達「土地関連融資の抑制について」、いわゆる「総量規制」を大蔵省銀行局が出します。

円高で企業の国内事業は伸び悩んでいたので、銀行の貸出全体の伸びは鈍くなっていました。だからこそ、銀行も不動産向け融資に力を入れていたことになります。

総量規制によって、貸出全体の伸び率が伸びないなかでは、不動産向け融資も減らさなければならなくなりました。投機の資金を断たれたことになり、不動産価格も急速に下落していき、イトマンの投機も破綻していくわけです。

住銀もイトマンを通じての迂回《うかい》融資を指摘されています。さらに磯田会長の娘がイトマンとの不明朗な絵画取引で利益を得ていたことも発覚するなかで、一〇月一七日に磯田会長は突然の辞任発表を行いました。

他紙も騒ぎはじめました。といっても一〇月くらいになってからで、磯田会長辞任以来のことです。日経が先鞭《せんべん》をつけた事件だったにもかかわらず、騒ぎになるのはずっとあとになってのことです。

一九九〇年に始まった平成バブル崩壊はまさに、イトマン事件が号砲だったのです。そして日本経済は九〇年代後半から慢性デフレ不況に突入し、四半世紀を過ぎても立ち直れません。二〇一三（平成二五）年以降、金融の異次元緩和を一〇年も続けても、デフレ圧力からは逃れられないままです。

歴史に、そして、我がジャーナリスト人生に〝もしも〟が許されるなら、あの一九九〇年九月の運命の日に立ち返り、朝刊一面トップでイトマン事件の詳細と意味付けを報じてバブル融資の警鐘を鳴らし、続いてバブルの深淵部をえぐり出したい、そんな思いは消えないのです。

中国とクリントン政権

関心をもつ分野なら、どこでも何でも自分で取材して、記事を書きたい性分なのですが、日経では簡単ではありません。担当が細かく分かれていて、その分野で専門家と称する記者もいます。担当外の分野について取材したり記事を書こうとすると、その担当にいちいち断りを入れる必要があります。「縄張り荒らし」になりますから、了解をとろうとしても、「何でお前が」とばかりに反発されることが多い。じゃあ提供するよ、といって、取材情報を渡しても、多くの場合その記者の反応が鈍い。問題意識やセンスが違うのです。要するに、かなり面倒くさくなる。結果私自身、ネタをフォローしなくなり、記事化のタイミングを逸してしまうことになる。

入社から長くなると、一般企業で言えば中間管理職であるデスクの仕事が増えてきます。記者を動かす立場なので、自分が自由に動き回れるようなポジションではありません。デスク稼業ばかりやっていると、そのうち書けなくなるという不安がありました。だから、海外での単独取材はストレス解消にはいいのですが、疲れます。それなら拠点を海外に移してじっくりと大テーマと取り組むのがよいか――。

そこで、また海外赴任を希望しようかと考えているときに、ロンドン総局に部長クラスで行かないかという話がありました。しかし部長職だとデスクと同じような仕事に加えて労務管理や接待に追われることになるので、断りました。

知り合いに相談していたところ、サンフランシスコに本部を置く「アジア財団」という米国のNGO（非政府組織）があることを知りました。アジア諸国の社会・教育開発を目的としていて、米国国務省とつながっています。もともとはCIAの文化情宣機関として発足したらしい。

中国問題と取り組んでみようと考えていたところなので、ここを足がかりにすれば中国分析のやり方を勉強できると思ったわけです。日経社内で、いきなり中国問題をやろうとしても、いろいろ軋轢《あつれき》が生まれますが、外部団体ならじっくりと充電できます。ただしNGOなので給料は出ません。それで日経からの出向というかたちにして、給料は日経が出し、サンフランシスコのアジア財団にはシニアフェロー（上級研究員）として机を貸してもらったわけです。上司は「記事は書かずに、米国のアジア政策を研究してこい」と言う。このときばかりは日経に感謝しました。

サンフランシスコに行ったのは、一九九五（平成七）年の五月の連休明けでした。中国問題を勉強して、その後は北京か香港に支局長として赴任する予定でした。そうしたらサンフランシスコにいるときに東京の編集局長から電話があって、「政治部が北京支局長のポストをとりたがっているが、どうだろう」と言うのです。「それだったら、私は香港でいいですよ」と答えました。香港の主権が英国から中国に返還されるのが、一九九七（平成九）年七月一日と決まっていました。それに香港なら大半は英語取材です。華僑の本場で東南アジアへのアクセスもよい。それもあって、北京より香港のほうが面白いかな、と考えたからです。

サンフランシスコは中国人が多く暮らしている街です。そのなかには投資家集団の関係者も多く、中国共産党につながっています。サンフランシスコにいる間に、そういう投資家集団の幹部たちにも会いました。中国はヒューマン・コネクションの国で、人脈がないと情報も入ってきません。サンフランシスコで人脈を築いておくことが、北京だろうが香港だろうが取材するうえでは役に立つわけです。

アジア財団も、いろいろなかたちで中国での活動をしていました。例えば中国に自由選挙を普及させるため、パイロットケース的に小さな自治体でやらせたりしていました。全体主義中国のほんの小さな一角で民主化の実験ですから、なるほどＣＩＡ系機関の考えそうなことだな、だけどどうかな、と財団のスタッフたちとよく議論しました。

私がサンフランシスコにいるころは、米中関係は良好でした。一九九三（平成五）年一月二〇日に第四二代大統領に就任したビル・クリントンは、一九九八（平成一〇）年に訪中したとき、中国を「戦略的パートナー」とまで呼んでいます。それほど、クリントン政権は中国との関係改善に取り組んでいました。

その一方で、軽視されていたのが、日本でした。一九九八年の訪中でクリントンは九日間も滞在しましたが、同盟国である日本には立ち寄りさえしなかったのです。あからさまな日本無視でした。

アジア財団在籍中は近くのシリコン・バレーの情報技術（ＩＴ）ベンチャー企業群をひんぱんに訪ね、ときには東海岸まで飛んでワシントンやボストン、ニューヨークにも足を運んで、日米中の三角関係の取材も重ねました。歴史的にみると、米国は対日関係が悪くなるときには中国寄りになり、対中関係が悪くなると対日関係がよくなるのです。クリントン政権時代はその前者だったのです。

そもそも、なぜ米国の対中シフトが起きたか、です。それは日本離れから始まりますし、シリコン・バレーがからんでいます。

ここで話を少し前に戻し、取材した秘話を紹介しましょう。

対日強硬策を導いた「サーカス事件」

先に詳しく触れたように、レーガン政権時代のブッシュ（父）副大統領は盟友のベーカー元財務長官の後押しで、一九八八（昭和六三）年秋の大統領選挙でめでたく当選し、翌年一月から大統領を務めたのですが、一九九二（平成四）年秋の選挙ではアーカンソー州知事だったクリントン候補に敗れ、再選に失敗しました。現職優位なのになぜもろくも敗れたのか、そのなぞを解くカギはブッシュ政権の対日通商政策とハイテク業界対策にあります。

ここで、一九九三（平成五）年一月当時の米国取材メモを紹介します。情報源はブッシュ政権の元高官、シリコン・バレー企業のロビイストです。

一九九二年四月、ヒューレット・パッカード社のジョン・A・ヤング会長、アンディ・グローブ・インテル社長、ジョン・スカリー・アップル・コンピューター会長ら、カリフォルニア州パロアルト市、サンノゼ市などシリコン・バレーに本拠を置くハイテク企業のCEO（最高経営責任者）たちがそろってホワイトハウスを訪れました。ブッシュ大統領に対し、米国ハイテク産業の競争力強化策を要請するためでした。

ヤング会長らはビジネス界ではごく当たり前になっている共和党支持者で、大統領への面会に問題はないと思っていました。しかしながら、大統領との面会を電話で国内政策担当のロジャー・ポーター補佐官に申し込んだところ、「ご希望の時間は大統領が多忙のため難しい」との返事です。

米国ハイテク業界を代表するCEOたちが勢ぞろいしてホワイトハウスを訪問する機会は滅多にないのに、大統領は出てこず、代わりにポーター補佐官が応対し、あとで大統領によく説明するというのです。ヤング会長はポーター補佐官とは旧知の仲で、ハイテク産業の競争力強化策を求めるヤング会長の説明にはかなり理解を示してきたので、一同はそれで納得しました。

一行はホワイトハウス正面ゲートを避け、西隣の大統領行政府ビルから入りました。正面ゲート付近はホワイトハウス担当記者たちが常駐する記者室があり、記者団に捕まると面倒だということでした。出迎えたポーター補佐官は一行を大統領執務室のオーバル・ルームの脇のルーズベルト・ルームに案内しました。ポーター補佐官は気をきかせたつもりでした。ブッシュの「用件」が終わったら、たとえ数分間でも大統領が顔を出せると考えたのです。

ポーター補佐官に向かってヤング会長は、「ロジャー、ブッシュ大統領は選挙で忙しいだろうが、今度こそハイテク産業政策を打ち出さないと、日本との競争に負けて大変なことになるよ」と話しかけた。ポーター補佐官は、「スヌヌ（大統領首席補佐官）がクビになったので、ホワイトハウスの雰囲気は変わった。安心してほしい」となだめます。スヌヌ補佐官は政府による業界補助を極端に嫌ったレーガン前大統領の考え方と同じで、ビジネス界には冷淡だったとの評判がありました。

そんなところに、偶然、隣のオーバル・ルームの扉が開きました。ヤング会長らCEOグループの目に飛びこんできたのは、カナダ・モントリオールから来た、当時売り出し中のモダン・サーカス団「シルク・ドゥ・ソレイユ」のピエロたちと一緒に記念撮影し、喜色満面のブッシュ大統領の姿でした。ヤング会長らは憮然《ぶぜん》とします。「大統領はCEOと会うことよりも、サーカス団に愛想を振りまくことが選挙対策上、大事だと考えたんだろう」と。

ソレイユは全米を巡業中で人気上昇中でした。レーガン前大統領と違って表情に乏しく、庶民的な人気に欠けるブッシュはサーカス団との記念撮影写真を大衆に見せることでイメージ・チェンジを図ろうとしたのです。

この「サーカス事件」で、ヤング会長の決意は固まりました。「私は共和党員だが、これからは、それが誰であっても国際競争力を真剣に考える候補者を支持することにする」と。グローブ・インテル社長も、「自動車産業のことしか頭のない大統領をなぜ我々が支持しなければならないのか」とテレビのインタビュー番組で公然と言いだしました。

ブッシュ大統領が一九九二年一月に訪日したとき、自動車ビッグスリーの首脳を同行させ、米国製自動車、自動車部品の購入を宮澤首相に迫ったのに、ハイテク産業には無関心で冷淡なことを指したものです。

伝統的な米国大手企業の経営者と同じく、ヤング会長らシリコン・バレーの経営者は一貫して共和党を支持し、それまでじつに一〇年近くホワイトハウスの説得に奔走《ほんそう》してきたのに、サーカス事件を機に見限ったのです。

ブッシュ父政権を見限ったシリコン・バレーの支持を集めたクリントン政権が一九九三年一月に発足しました。情報スーパー・ハイウエー構想を提唱するゴア上院議員が副大統領に、カリフォルニアに本拠を置くロビイスト、カンター氏は米通商代表部（USTR）代表に、ハイテク産業強化政策を唱えるカリフォルニア州立大学バークレー校教授のタイソン女史が大統領経済諮問委員会（CEA）委員長に就任しました。ハイテクCEOグループからはクレイ・リサーチ会長のロールワーゲン氏が商務副長官に選ばれたのです。

シリコン・バレーの考え方を重視するクリントン民主党政権が発足し、シリコン・バレーが米国のハイテク政策を動かし、対日政策を動かすようになったのです。

「ジャパン・ペーパー」

クリントンの日本敵視は、政権発足時から始まっていました。クリントンが最大のテーマとしたのは日米貿易の不均衡是正で、ソ連を敵視していた「冷たい戦争」から日本を敵視する「冷たい平和」の時代到来だ、と政権の要人は表現していました。

クリントンの大統領就任は一九九三（平成五）年一月です。私はワシントンに出張して大統領就任式を取材して、いったん帰国したあと、五月に再びワシントンに飛びました。新対日政策の取材のためです。新政権の主要ポストの席が埋まったころです。ワシントン特派員を四年間やっていたので、民主党内に有力な取材源をいくつかもっていました。そこを中心にクリントン政権の今後の方針を取材するつもりでした。

ところが、取材依頼に対して戻ってくるのは断りの連絡ばかりでした。まさに〝けんもほろろ〟という感じです。そこで諦めるわけにもいかないので、ロビイストをやっている民主党系の友人に頼み込んで、どうにか財務省のナンバー2、ロジャー・アルトマン財務副長官に面会約束をとりつけました。

会うには会ったのですが、まるで話にならない。最初から「話せることはひと言もない」で、最後まで、その一点張りです。何を質問しても、返ってくるのは「答えられない」だけでした。そして彼は、「ほんとうは日本人記者には会ってはいけないことになっている」と口にしたので、「なぜか」と聞くと、「まだ対日政策を検討中だから、決まるまでは会うなとのホワイトハウスからの指示があるんだ」と言い、取材はおしまいです。

国務省アジア太平洋局の知り合いに連絡したら、「会うわけにはいかないが、電話ならいいよ」と応じてくれました。「何が起きているのだ?」と訊くと、戻ってきた答えは衝撃的なものでした。「日本は米国の敵になっているぞ」と言うのです。そして、財務副長官が漏らしたように、「対日政策が固まるまでは日本のメディアはもとより、日本の外交当局とも会わないようにとのホワイトハウスからの指示がある」と続けます。

在米日本大使館に訊いてみると、やはりクリントン政権からの情報収集に難渋していたようです。アルトマン財務副長官がけんもほろろだったはずです。

しかし、それで諦めるわけにはいきません。当時、節約令が出ていた会社から高額の予算を引き出したのに手ぶらで帰るわけにはいきません。

「どうしようか」と思い詰めて深夜のワシントンの通りを歩いて、青信号を渡っている最中に、横から来たクルマのタイヤが爪先を乗り越えていきました。危うく、命を落とすところでした。

悩んだ末に、今度は、新政権を快く思っていない政府スタッフを狙うことにしました。いろいろ連絡をとって取材相手を探しだし、そこから、とんでもないクリントン政権の動きを知ることになりました。

クリントン大統領は秘密裏に、財務省をはじめとする各署からメンバーを集めて、対日対策特別チーム（タスク・フォース）をつくっていたのです。ローレンス・サマーズ財務次官ら各署の次官クラスがメンバーのタスク・フォースは、国防総省の本庁舎であるペンタゴンで会合をもっているということでした。

ペンタゴンはワシントンからポトマック川を渡ったバージニア州にあり、その名の通り五角形の建物で出入り口がたくさんあります。そのため大物たちが出入りしていても目立たないので、メディアに察知される心配がないのです。それくらい秘密裡《ひみつり》の会合だったわけです。

そのペンタゴンの地下にある部屋で、対日戦略の秘密会合が五月一〇日、月曜に開かれました。アルコール厳禁で、飲み物はコーヒーかダイエット・コークに限られていました。

この対日対策特別チームの存在を、どの日米メディアも察知していませんでした。私は五月二六日付日経朝刊の一面で特報しましたが、どこも追随してきません。厳しい箝口令《かんこうれい》が敷かれていたため、確認が取れず、それで記事にできなかったのだと思います。日本のメディアは「まさか米国が日本を敵視するはずがない」との思い込みもあり、本社のデスクは私の記事を信じなかったのでしょう。

ワシントン支局の同僚は「田村さんの記事は各社も話題にし、田村記者に会いたいという者がいますよ」と言うので、「いいよ。会うと伝えておいて」と返事したけれど、誰もコンタクトして来なかったのです。

前項で述べた「サーカス事件」については、ペンタゴン会合を書いたあとに聞いたのですが、そのとき、クリントンの対日策謀の背後には追い込まれた米ハイテク業界の焦燥があると確信した次第です。

クリントン政権は明確に日本を敵と位置づけていました。対日対策の目的は、日本からの経済上の脅威を抑制すること、その一点に集中していると、情報源は言います。

ペンタゴンでの秘密会合結果は対日包括戦略提案書「ジャパン・ペーパー」としてまとめられ、五月一八日にホワイトハウスの国家経済会議（ＮＥＣ）担当のロバート・ルービン大統領補佐官の手からクリントン大統領に提出されました。

ジャパン・ペーパーはマクロ経済編と分野別編に分かれ、それぞれ明確な数値目標を設けるよう求めています。

マクロ経済では日本の経常収支黒字の国内総生産（GDP）比を三年間で半減させる。分野別は「自動車・自動車部品」「政府調達」「政府規制」「政府間協定の監視」「経済統合協議」に分かれ、米国製品の日本市場参入度を設定します。このほか市場開放要求対象はハイテクなど工業製品と金融・保険、直接投資に絞り、コメなどの農産物は外しました。大統領の承認後、経済界と議会要人に提示して意見を聞いたあと、六月に日本政府に突きつけることになりました。

日本の経常収支黒字の半減、円高の一層の促進、そして日本に米国製品の輸入数値目標を設定する「管理貿易」でした。

ちょうどそのころの日本は株価も地価も暴落を続けるバブル崩壊に見舞われていました。クリントン政権はそれにも構わず、攻めてきます。日本は依然として脅威なのです。米メディアは「東京の皇居の地価はカリフォルニア州全域に相当する」と報じる始末です。国務省の某幹部は、「日本の資本はカネにもの言わせて、ニューヨークのロックフェラー・センターやカリフォルニアの名門ゴルフ場のペブルビーチ、さらにハリウッドの映画大手資本まで買い占める。いずれも米国人の誇りを傷つけるのです」と打ち明けたものです。

数年前のバブル絶頂期は、日本の不動産大手のトップが日本から演歌用の楽団付きで全米を巡回視察したことがあるくらいの熱狂ぶりだったのですが、一九九三年は日本国内で資産バブル崩壊が始まり、米国を買い占めるどころではありませんでした。

そして一九九三年七月のクリントン大統領と宮澤喜一首相による日米首脳会談で設置が決まるのが、「日米包括経済協議」（ＦＷＴ）です。

ＦＷＴで米国側の中心的な交渉人のひとりだった米商務省の幹部に取材したことがありますが、彼はＦＷＴの狙いについて「我々は米国史上初めて、輸出を国家経済政策の中心に据えた」と説明し、「日米は今後、中国などアジアの巨大市場を舞台にして『冷たい平和』の関係に陥る危険がある」と言いました。日本と米国はアジア市場への輸出において敵同士になる、というわけです。

そのために米国としては、日本の輸出力を弱体化させる必要がありました。そのためＦＷＴの分野別協議では、市場開放に関する「客観基準」の数値目標設定を求める米国と、これを管理貿易として反発する日本が対立します。

クリントン政権が組織した対日対策特別チームは、日本に米国製品を強引に買わせると同時に、円高を強力に誘導します。ロイド・ベンツェン財務長官は、「円相場は安すぎる」という発言を繰り返して、円買い投機を助長しました。

その効果もあって、円高は進みます。一九九四（平成六）年には一ドル＝一〇〇円を突破し、一九九五（平成七）年四月一九日には瞬間的に一ドル＝七九円二五銭を記録しました。対日対策特別チームの狙い通りに、急速に円高が進んだわけです。

この円高が一段落するのは、一九九五年に自動車、自動車部品、金融サービスで日本が市場を開放することを日米で合意、一九九六（平成八）年に日本が外国製半導体を一定量輸入しているということで、半導体でも一応の決着を見てからのことです。米側の要求を日本が受け入れたかたちでした。

対日対策特別チームが結果を出したことになりますが、日本の輸出を制限する強引なやり方は、米国のメディアからも「管理貿易だ」と厳しく非難されました。

協議は長引き、一九九七（平成九）年四月、ようやくクリントン大統領と橋本龍太郎《はしもとりゅうたろう》首相の会談で合意に至ります。

一定の譲歩を日本から引き出したものの、米国内でも管理貿易だと言われる始末で、政治的にはむしろマイナスです。しかも脅威と見なした日本はバブル崩壊が止まらず、経済停滞がひどい。「日本、恐れるに足らず」と判断し、「日本市場はもういい、今後は有望市場中国だ」と割り切ったのでしょう

日本に見切りをつけたクリントン政権は日本を無視して、中国に急接近していくわけです。一九九八（平成一〇）年六月、北京を訪問したクリントン大統領は日本に立ち寄りもしませんでした。

李登輝総統の誕生

私が香港支局に赴任したのは、一九九六（平成八）年三月のことでした。その香港時代で記憶に残っている出来事と言えば、まず台湾の総統――大統領に相当――選挙でした。

一九八八（昭和六三）年一月一三日に死去した蔣経国《しょうけいこく》総統の後継として、副総統の李登輝《りとうき》が総統に就任します。そして一九九〇（平成二）年に行われた第八期総統選挙でも李登輝は勝利し、私が香港支局に赴任したときは、まさに第九期総統選挙の真っ最中でした。総統八期までは国民党員を主体とする国民大会で選出される国民党主導の間接選挙でしたが、一九九六年の選挙は台湾の人々による初の直接選挙方式です。李登輝は勝利します。

当時の日経では香港支局が台湾までカバーすることになっていました。民主主義によって選ばれた李登輝の就任式が行われたのは五月で、その直前に私は、東京にいました。アジアの主要な指導者を呼んで、日経版のダボス会議のようなものを本社が企画していて、その司会を命じられてしまい、一時帰国していたのです。

そうしたなか、李登輝の総統就任式直前に、台湾から連絡が入りました。台湾の取材は香港支局記者と基本的に現地で契約している台湾人記者に任せていたのですが、台北の取材班からは「すごいことになりました」と連絡が入ったのです。李登輝の就任式での演説草稿を手に入れたというのです。

就任式前にプレス・リリースとして配られたものではありません。演説草稿は、極秘中の極秘事項になっていました。

その草稿を台湾人記者が手に入れたという。そのときは問い詰めることはしませんでした。台湾人記者がコネを使って入手したのだろう。そんなことは日本ではよくあることなので、さほど気にならなかったのです。しかし、実際の入手経路は印刷所からもってきた、わかりやすく言えば、〝盗んだ〟ことがあとでわかりました。

本社外報部はそっくり全文を掲載すると張り切っています。私は、原文の中身をよく読んだのですが、例えば大陸との対話強化などには言及がなく、重大ニュースになるほどの中身はありません。そういう文書は要約が難しい。のっぺらぼうの作文になってしまう。それなら、政治家李登輝の息遣いそのままを伝えたほうがよいと、私も同意したのです。

ところがこれが大騒ぎになってしまいます。李総統周辺が激怒します。全文そっくり、事前に日本のメディアに流されてはせっかくの初の民主主義手続きで選ばれた李登輝総統の輝かしい演説の色があせてしまう、台無しではないか、との言い分です。本社としては対応を迫られることになりました。それで編集局長と前香港支局長、現香港支局長の私が台湾に頭を下げに行きました。その際、上司からは「かたちだけだから我慢してくれ」と言われて、私だけが譴《けん》責処分《せきしょぶん》ということで、台湾側に陳謝したのです。要人スピーチやG7首脳会議（G7サミット）共同宣言などが発表前にすっぱ抜かれることは西側メディアではよくありそうなことだ、それも報道の自由の表われだと、私自身は台湾側に突っぱねたかったのですが、その後の台湾取材が困難になりそうな情勢を見て、妥協せざるを得なかったのです。

ただ、それだけで終わりませんでした。〝盗んだ〟当人である台湾人の記者が、香港の私のところに泣きついてきました。脅迫が続いていて、夜道で何者かに背後から殴りつけられる、このままでは命も危ないので、しばらく海外に逃げたい、と言うのです。表向きの手打ちは済んでいるのですが、それで済みそうにありません。

「どこに行きたいんだ」と訊くと、「フランスにしばらく滞在したい」との返事でした。彼は、武器取引にからむ台湾要人の汚職なども追っていたので、その取材を現地でやりたかったのです。本社にかけ合っても了解が出るはずはないと思い、旅費から滞在費まで、けっこうな額を、私のポケットマネーから出して、支援しました。

中台の水面下コネクション

私自身、その台湾人記者の能力を頼りにしていました。二ヶ月に一度は台湾に一週間ほど滞在して、彼の案内で取材して原稿を書くのが、当時の私のスタイルでした。彼に導かれて中台関係には表と裏があることを目撃したのは貴重な体験でした。

例えば、台湾の太平洋側の宜蘭《ぎらん》港の入り江では通称「洋上ホテル」という、廃船になった大型漁船があり、そこで大勢の中国本土の漁民が暮らしているのを目撃しました。漁民たちは台湾対岸の福建省出身で、台湾の網元に雇われて漁労に従事していたのです。

また、当時台北市長でのちに台湾総統になった民進党の陳水扁《ちんすいへん》と親しくなったのも、彼が仲介してくれたからでした。

台北といえば、最初に行ったときに、すごいショックを受けたことを覚えています。日本統治時代の台北市内の一角には日本人墓地があったのですが、国民党軍が中国本土から逃げてきたときに、その日本人墓地を真っ先に潰しました。そして、日本人の墓石を土台に使って多くの住宅を建てたのです。

その住宅を取り壊し、日本人墓地が再建されました。それを実行したのが、台北市長の陳水扁です。

「洋上ホテル」にかぎらず、日本にいては知ることのできない事情を知ることができました。北京からは敵視される李登輝総統ですが、じつは中国共産党とのパイプもしっかりつくっていました。李登輝総統側近の某氏は自身の子弟を中国に留学させていました。中国共産党の幹部の家族がその子弟を預かって面倒を見ていたのです。そうやって台湾と中国本土の要人は水面下の交流関係を保っています。

いまでも、時折、台湾海峡が緊張に包まれます。二〇二二（令和四）年八月初めに、米国下院議長のペロシが台湾を訪問したあと、中国が四日間にわたって台湾を包囲するかたちで軍事演習したことがありますが、台湾側は意外と落ち着いていたのが印象的でした。

　市民の間では「中国側は威信を保つために、大々的に花火を打ち上げているだけだ」との見方が多いのです。互いの利益にはならない軍事衝突を避けるというのが実利優先の中国人というものです。もちろん、全体主義の独裁者は、何をしでかすかわからない不気味さを漂わせるのですが、水面下の交流の積み重ねを無視できないはずです。

返還前夜の香港

一九九六（平成八）年三月、香港に赴任して、まず注目したのが株や不動産のバブル状態でした。一九九七（平成九）年七月に香港の主権が英国から中国に返還されるのを前に、中国本土から資金が流れ込んでいました。

一九八四（昭和五九）年九月の中国と英国の共同宣言により、返還後も香港に「一国二制度」で高度な自治が五〇年間保証されますが、返還後は中国共産党支配下に置かれるのです。北京は返還を円滑に進めるために本土からの対香港投資を奨励していましたが、返還が終わると、一転して本土からのカネの持ち出しを制限するかもしれません。そう恐れた中国の金持ちや既得権層が返還前に香港に駆け込みます。本土マネーラッシュが起きていたのです。本土投資家の大半は共産党幹部の身内です。

中国本土からの資金でさまざまなものが買いまくられていたので、香港では株価も不動産価格もどんどん上昇しています。中国本土マネーで賑《にぎ》わっている様子を目の当たりにして、中国の底力みたいなものを見せつけられた思いでした。

　高級車ディーラーが軒を連ねている香港の銅鑼《どら》湾《わん》地区の一角を香港人助手と歩いていると、身なりからしていかにも中国本土からやってきた風情の中年男から道を訊かれたことがあります。「ベンツのディーラーはどこにある？　買いたいんだ」と言い、手に持った重そうなボストンバッグをぽんと叩きました。どうやら現金が入っていて、それでベンツを買うつもりです。そのころは中国からの旅行者が香港で人民元の札束を一杯詰めたバッグを強奪される事件がよくありましたから、助手とは「あの人は我々を警戒しなかったんだね」と、苦笑したものでした。

　中国の通貨、人民元は日米欧など多くの国々ではドルや円などハードカレンシー――外国為替市場で他国通貨と交換可能な国際決済通貨――に自由に交換できませんが、香港では自由に香港ドルに交換できます。香港ドルは米ドルと同等の国際通貨ですから、中国の国有企業や富裕層は香港に法人をつくって、そこに人民元を持ち込み、株や不動産など香港ドルの資産に換えます。そして香港法人がさらにペーパーカンパニーを、タックスヘイブン（租税逃避地）と呼ばれるカリブ海の諸島につくり、帳簿上だけ資産を移すのです。そして、本土の株式や不動産がいけそうだとなると、ペーパーカンパニーが「海外企業」の看板を掲げて対中投資します。

香港は中国の「社会主義市場経済」の成長を支えてきたのです。

しかし八〇年代半ば、一九九七年の香港返還が決まってしばらく、香港経済は不安定な状況が続いていました。多くの香港人がカナダ、オーストラリアなどに移住したり、宗主国英国の国籍取得に奔走《ほんそう》したりしました。ヒトが外に動くとカネも流出します。香港の不動産や株式市場は次第に活気を失っていったのです。そんなざまで、一九九七年七月一日の歴史的な返還セレモニーを迎えるわけにはいきません。そこで、当時の江沢民《こうたくみん》党総書記・国家主席は大号令をかけました。

香港赴任後間もなく、その取材を始めました。経過は以下のような秘話になります。

党中央が「香港買い」の大号令

香港から本土側へと境界を越えると、そこは最高実力者鄧小平《とうしょうへい》が推進した改革開放路線の代表、深圳《しんせん》市です。主要な党・地方政府機関が集中する羅湖《らこ》区のはずれには中国政府高官や共産党幹部が利用する高級ホテル「貝嶺居賓館《ベイリンジュリンガン》」があります。一般の旅行・ビジネス客はまず利用できません。門の前でタクシーから降りて、徒歩で広大な敷地を横切ると瀟洒《しょうしゃ》な本館がありま す。メインロビーに入ると、毛沢東《もうたくとう》揮毫《きごう》の大書「為人民服務（人民のために奉仕せよ）」が目に飛び込んできます。

一九九五（平成七）年一〇月四日、共産党中央統一戦線工作部はこのホテルに中国国有企業と国有商業銀行三〇社の香港代表を召集しました。中国外務省の香港駐在機関である新華社香港支社や中国銀行香港公司、華潤《かじゅん》公司などです。党は彼らに香港での戦略的な不動産、株買いを命じたのです。

当時、香港株式や不動産市場は外国系企業に不透明感が漂って低迷していました。党中央としては香港返還の成功を内外に誇示しなければなりません。そのためには、返還前夜の香港の繁栄、とくに香港の神髄でもある株式・不動産市場の活況が欠かせません。それこそが返還を円滑に運ぶための統一戦略であるとの認識を、党中央は党が経営を支配する国有企業や国有銀行に徹底させたのです。

香港全土の面積は東京都の約半分で人口も約半分です。中心部の香港島は山が海岸線に迫っています。このためにオフィス・ビルも住居も高層で、不動産価値は高く、住居は流動性が高く、まるで一般の商品のように売買される不動産は香港の銀行による信用創造の源です。ゆえに不動産市況が上昇すれば、米ドルに裏打ちされた香港ドルのマネーが増殖します。株式市場では、香港市場上場企業の七〇パーセントが不動産関連企業で占められていますから、株価も上昇を続けます。香港政府の財政収入も潤います。つまり不動産市況に株価は連動するのです。銀行の不動産関連貸し出しは地元向けローンの四〇パーセントを占め、世界最高水準です。住宅ローン貸し倒れ率は一パーセントに満たず、銀行もまた不動産関連で高収益をあげます。税率が低いので香港人も外国人も資産を香港に集中させて運用します。不動産、株式相場が上昇すれば世界のカネは自ずから香港に集まります。

党統一戦線工作部の指令は、この香港の特色を見抜いたうえだったのです。

北京から特別許可を得て中国銀行など中国国有商業銀行は国有企業にふんだんに資金供給し、国有企業の香港法人が買いに出動しました。

中国全土の国有企業の香港法人が香港株式市場での新規上場を目指します。中国系香港企業株（レッドチップ）です。香港市場では中国関連株はレッドチップとH株のふたつに分かれますが、レッドチップは中国系の香港法人株を、H株は国有企業本体が香港に上場した株式を差します。レッドチップの中国系香港企業は中国の中央省庁や地方都市政府が主要な株主で、持ち株会社が多く、傘下企業の事業内容は多岐にわたります。一九九七年返還前はまず広州、次は上海《シャンハイ》、北京の各市営の企業で新規株公開や増資ラッシュが起こり、返還後も中国郵電省の香港子会社「チャイナ・テレコム」が新規上場しました。

レッドチップは、錬金術そのものです。香港子会社が中国内の国有優良資産の譲渡を受け、高収益の見通しを市場に示す「資産注入」で株価をつり上げます。このレッドチップをほかの中国系企業が額面価格で購入し、莫大な株式値上がり益を確保するのです。

当時、中国からどのくらい香港にカネが流れたのでしょうか。シンガポールのDBS証券香港のエコノミストであるS・W・チュー氏の推計（一九九七年六月時点）によれば、米ドル・

ベースで一九九五年は五六六億ドル、一九九六(平成八)年は六〇〇億ドル、一九九七年は七一〇億ドルに上るとのことです。

香港ドル資金発行の担保となる米ドルの公的準備はそのお蔭で急膨張し、米ドルにペッグ(釘付け)された香港ドル相場が安定し、ヘッジファンドによる香港ドル売り投機攻勢を防いだのです。この通貨攻防のドラマについては、あとで詳しく述べましょう。

「長期打算・充分利用」

そもそも、中国共産党にとって香港とは何でしょうか。

思い起こすのは、中国共産党が新中国建国時に打ち出した対香港政策基本方針「長期打算・充分利用」(長期的に計算し、充分に利用する)という戦略です。時間をかけてあせらず、英国の植民地香港を国際金融センターとして利用し尽くそう、というわけです。

毛沢東が蔣介石《しょうかいせき》率いる国民党との内戦に勝利して建国するわけですが、経済運営の基本は通貨、人民元です。通貨とは、基軸通貨ドルと本国以外でも交換できることで初めて国際的に価値が認められたことになります。ところが当時、人民元は単なる紙切れでしかありませんでした。基軸通貨ドルと本国以外でも交換することができなかったからです。そこで中国共産党は国際金融市場・香港に着目しました。香港ドルを充分に利用し、紙切れの人民元を補強しようというわけです。

一九四九（昭和二四）年一〇月、広東省に展開する人民解放軍東江縦隊一万二〇〇〇人が広州解放のあと香港との国境の深圳河に達しましたが、対岸にはフィリピンから駆け付けた英軍小部隊三〇〇人が戦闘陣形を組んでいて、にらみ合います。しかし、解放軍は渡河しないどころか、境界の警備に徹したので英国側は軍を引き揚げ、代わりに警官を配置しました。

じつはその年の初め、国民党との内戦の勝利を確信していた毛沢東は対外関係・貿易のために香港を利用する考えをソ連のスターリンに伝えていました。周恩来《しゅうおんらい》は英国と交渉し、中国の香港駐在員の保護などを条件に香港の現状維持を約束したのです。英国は一九五〇（昭和二五）年一月に西側の先頭を切って新中国を承認しました。同年六月には朝鮮戦争が勃発《ぼっぱつ》し、東西冷戦に突入したのですが、毛沢東は「夷《い》（敵）をもって夷を制する」考えです。中国は香港を通じて米英の連携を崩して英国をつなぎとめることに成功しました。米国による中国の経済封鎖の網を逃れて中国には香港経由で軍事物資が入ってきます。これが事実上の「充分利用」の始まりだったのです。

一九八四（昭和五九）年一二月の中英協定で香港回収が決まりましたが、共産党最高実力者鄧小平は「充分利用」の原則のもとに、中国共産党の「四つの基本原則」――社会主義の道、プロレタリア独裁、共産党の指導、マルクス・レーニン・毛沢東思想の堅持――を香港に適用しないと約束しました。香港人による香港統治（港人治港）「一国二制度」を少なくとも五〇年間続け、香港の資本主義を変えないこと、労働者階級ではなく資産階級を中心とした政権下での統治を保証したのです。

香港の親中派財界人たちと交流

さて、話を香港返還前後に戻します。

香港の親中派財界人を代表する「愛国者」霍英東《かくえいとう》（英語名ヘンリー・フォク）と、香港の不動産王である長江実業の李嘉誠《りかせい》会長を筆頭に、香港財閥重鎮も党中央の一九九五（平成七）年の香港（の不動産、株）買い指令に呼応しました。不動産価格はじわじわと回復し、一九九七（平成九）年に入ると連日のように最高値を更新するようになりました。株価も連動し、史上最高値で七月一日の返還式を迎えました。見事な統一戦線工作の〝戦果〟です。これで香港財閥も莫大な収益をあげられました。これら親中派財界人とも私は親しくなりました。

親中派の巨頭、霍英東は香港返還時、筆者とのインタビューに応じ、「私のビジネス活動は英国から監視され、盗聴されてきたが、私は愛国者として人民解放軍のために物資を調達してきた」と打ち明けました。彼は、広州湾に注ぎ込む大河、珠江《しゅこう》のデルタ地帯に住み着いた船上生活者上がりの立志伝で知られていますが、飛躍のきっかけは朝鮮戦争です。国連決議による対中国経済制裁網をかいくぐって、中立地帯であるポルトガル領マカオ経由で医薬品や石油、タイヤなどの戦略物資を中国へ密輸したのです。

米国の同盟国英国は表向きこそ厳しく監視しましたが、霍英東ら中国共産党シンパによる対中密輸の抜け道を黙認しました。新中国を真っ先に承認した英国は、英国資本が収益をあげる植民地香港の繁栄のために、新中国とのパイプを重視していたのです。

だが、朝鮮戦争停戦のあと、英国は霍英東への監視を強めます。霍は香港島と大陸側の九龍《きゆうりゆう》を結ぶ香港名物「スターフェリー」の九龍ターミナルに大きな商業ビルを保有していましたが、英当局はビルに盗聴装置を張りめぐらせます。ビルには入居者がいなくなり、霍は売却せざるを得なくなりました。そんな具合で、霍は香港での不動産開発投資をあきらめ、中国広東省やマカオ向け投資に重点を置かざるを得なくなったと、語ったものです。

私は珠江デルタの投資プロジェクト視察で招かれ、霍に一日中、付き合ったことがあります。英国統治中は失われた収益機会の無念を返還後は晴らそうと、香港のみならず周辺の中国本土での投資で挽回する気魄《きはく》充分でした。

長江実業の李会長とは一九九六（平成八）年五月、とあるパーティで知り合いました。すぐに打ち解けました。

インタビューを打診すると、「私は個別のメディアの単独会見には応じない主義です。でも、代わりに私の側近があなたの相手をします」と言い、中国市場戦略の責任者を引き合わせてくれました。

そのほか、才気あふれた次男のリチャード・リーとは月に一度、彼の執務室で昼食をともにしました。聞いた話はすべて完全オフレコなので活字には一切しなかったのですが、共産党の権力機構を踏み台にしてさらに飛躍を遂げようとする香港財閥のたくましさには驚かされたものです。

例えば、長江実業は北京の繁華街、王府井《ワンフーチン》の再開発で巨額の投資を行ったのですが、プロジェクトを後押しした北京市の党書記が汚職で逮捕されて騒然とする事件がありました。ところが、長江のビジネスは無傷でした。李嘉誠は中国投資について三年以内に投資分全額を回収するという方針を貫き通したのです。

世界の大富豪としてもランク付けされる李会長ですが、常日ごろは質素な生活を送っています。昼食はタクシー運転手がよく食べる牛肉麺です。物腰は柔らかく、目線は低く、権勢をひけらかすことはまったくなく、気配りも半端ではありません。

李会長は香港返還時、香港都心セントラル地区を見下ろす高台の高層ビルとマンションを中国外務省香港代表部用にポンと寄付しました。夜になると李会長自ら、北京から赴任してきた要人に提供したマンションの部屋を訪ねては、「何か不自由はありませんか」と聞いて回りました。誰もができる芸当ではありませんね。

新華社相手に無駄な接待攻勢

共産党の関係者が大挙、香港に住み着いたころ、ハプニングもありました。多くの香港財閥が返還時に香港に来た中国の要人に接待攻勢をかけます。慣れぬ海鮮料理をはしごして、食べすぎて腹を壊した共産党幹部が十数人に上り、世間体を考えて全員が深圳の病院に担ぎ込まれたとかで、香港メディアが大騒ぎです。私はそれを聞いて苦笑しました。

じつは私も別件で香港駐在の新華社幹部を相手に何度か、私としては慣れない接待をする羽目になったのです。新聞社の支局長ですから、日本から派遣されている記者三人（私を除く）の活動を支えるのも重要な役割です。日経は当時、北京、上海に支局がありましたが、香港支局は地理のうえでも深圳を含む広東省など香港に隣接する華南の取材が期待されます。

香港駐在として、やはり大陸側に入っての取材はとてもやりがいがあります。ところが障害があります。中国取材のためには中国外務省からその都度、取材用ビザの発給が必要なのです。その発給権限をもっているのが、新華社香港支社で、そのビザ担当の要員を日本料理屋で接待し、親睦を深めなければならないわけです。

ところが、緊急に本土取材が必要になったときなど、ビザの認可が下りないこともたびたび起こりました。新華社香港のスタッフとある程度親しくなったところで、先方はしょせん出先のスタッフですから取材ビザ発給権限はじつのところはなく、北京にお伺いを立てなければなりません。したがって、とにかく待たされるのです。「何だ、いくら飲み食いさせても無駄か」と愕然《がくぜん》としたものでした。

香港から観光ビザで本土側に入ることは容易ですが、リスクがあります。記者であり取材活動が発覚すると拘束されます。そんなとき、どんな容疑をかけられるかわかりません。

当時、香港駐在の日本人ビジネスマンの間で話題になっていたのは、パスポートに「淫」と記されたスタンプを捺されるという件です。現地ではご法度の売春が横行しています。誘惑に負けて買春に及んだ場合、恥ずべき印を付けられるのは自業自得ですが、記者が観光ビザで入って検挙されたら、かの国では身に覚えがなくてもどんな嫌疑をかけられるかわからない不気味さがあります。取材ビザで入国すれば、記者は絶えず監視されますが、その分安心といえば安心できるのです。

アジア通貨危機は香港返還がきっかけだった

一九九七（平成九）年七月から始まったのが、タイを中心としたアジア各国の急激な通貨下落減少、いわゆる「アジア通貨危機」です。じつは、あまり知られていないのですが、これを仕掛けた投機家のジョージ・ソロスがまず狙ったのは返還前の香港市場でした。前に述べたように、香港ドルは米ドルにペッグされている固定相場制です。英国は一九九二年（平成四）当時、欧州連合（ＥＵ）の前身である欧州委員会（ＥＣ）のメンバー国であり、英ポンドは欧州域内の為替レートを固定する欧州通貨制度に加わっていました。そこでソロスは固定されたポンド売りを仕掛けて、暴落させ、巨額の収益を稼ぎました。さらに固定制の香港ドルは香港返還後は当然、不安定になると踏んでおり、一九九六（平成八）年ごろには香港に拠点を置き、ひそかに投機売りの機会を狙っていました。

　そのときの様子を香港の有力財界人から聞きました。ソロスの動きを察知した香港政府と財界が働きかけたのが、江沢民政権の経済政策を仕切っていた国務院副総理（第一副首相）の朱《しゅ》鎔基《ようき》でした。

　中国の四大商業銀行のひとつである中国建設銀行の当時の香港代表が、文化大革命のときに朱鎔基と一緒に農村に下放《かほう》されてともに肥桶《こえおけ》をかついで苦労した仲だったので、彼を通じて朱鎔基に働きかけたのです。

　といっても、朱鎔基にジョージ・ソロスを止める力があるわけではありません。朱鎔基から米国のクリントン政権の財務長官ロバート・ルービンに働きかけてもらい、それによってソロスの動きを封じようとしたのです。

　香港の親中派財界人によれば、朱鎔基はルービンに対し、「米国のファンドが香港ドルの投機売りを始めるなら、我々は香港ドルを買い支えるために大量の米国債を売却し、その資金を使うつもりだ」伝えたとのことです。米金融市場の要である米国債が大量に売られると米市場も動揺するはずです。この工作が成功して、ソロスは香港ドル投機を見送ったというのです。たしかに、ソロス・ファンドに目立った動きはありませんでした。

ただ、これは確認のしようがありません。北京の取材ルートはないし、多少の知り合いがいる米国財務省にしても朱鎔基の働きかけでソロスに香港を見逃してもらったとは、口が裂けても言わないでしょう。確認がとれなければ、記事にできません。

ところが、香港紙が大きく書いてしまうのです。知り合いの紹介で親しくしていた敏腕で鳴る香港人の女性記者がいました。自宅に招いて食事していたときに、工作の話を打ち明け、「中国政府側の確認をとってくれないか。確認がとれたら同時にスクープ記事を出そう」というのが、私の提案でした。ところが翌日、彼女は地元紙の一面トップで大々的に報じてしまったのです。慌てて「確認はとれたのか？」と彼女に訊くと、「いや、田村さんの話だけで、間違いないと思ったから書いた」と、ケロリとしています。

返還前の中国共産党主導の香港株と不動産買いと香港財界の追随で香港市場は沸き立ち、さらに香港と北京のソロス封じで盤石のまま返還セレモニーを無事終え、英国のパッテン総督は式を見届けたあと、客船に乗り込んで香港を発ちます。

香港返還の一九九七年七月一日は、オフィス近くの陸橋の上から、深夜に人民解放軍がトラックを連ねて入ってくるのを見ていました。式典は花火が打ち上げられるなど派手に行われていましたが、式典には支局のほかの記者が取材に行っていました。支局長の私は総括する記事を書き終え、オフィス近くで人民解放軍兵士満載のトラックの行列を見下ろしながら、「もう、香港は終わりだな」とぼんやりと考えに耽っていたことを覚えています。香港は近い将来、中国に呑《の》み込まれると思っていたからです。

ジョージ・ソロスが香港投機をそのまま諦めたかと言えば、そうではありませんでした。一九九八（平成一〇）年になって、ソロスは香港をターゲットに投機を仕掛けてきます。しかし、結果的には失敗します。そのとき香港当局は外貨準備をたっぷりと蓄え、香港ドル売りに対抗できる充分な態勢を整えていたからです。ソロス・ファンドは株の空売りなど、あらゆる手を打ちますが、香港財界も結束して株買いに協力しました。そんな状況なので、ソロスが動いてもほかのヘッジファンドも追随しません。タイミングを失った投機攻勢は失敗に終わり、ソロス・ファンドは巨額の損失を出して、香港から手を引きました。総じて見れば、急速に国力をつけてきた中国の前に、さしものソロス・ファンドも太刀打ちできなかったのです。

アジア通貨危機を予見

東アジアはソロスら投機家にとっては軒並み弱い腹をさらけ出しているように見えたはずです。アジアを総覧できる香港ではそれがよく見えました。最初ターゲットに挙げかけた香港は北京の政治力の壁であきらめましたが、次いで矛先を向けたのはタイ・バーツ。それからフィリピン・ペソ、マレーシア・リンギなどASEAN通貨でした。

無理もありません。通貨投機家にとってドル連動制ほど投機対象にしやすい通貨制度はありません。通貨当局が介入して自国通貨を買い支えますが、いずれ外貨準備が底をつきます。すると変動相場制に移行し、通貨はドルに対して暴落するのです。現地通貨の急落した分だけ投機家は儲《もう》かります。それまでこの手でソロス・ファンドは大国英国も打ちのめした実績があります。ソロスにとって、香港にこだわらなくても、アジアはどの国でも絶好の稼ぎ場だったのです。

巨大な世界の投機資金が一九九七（平成九）年初めまでアジアに集中していました。ヘッジファンドはアジア各地に多額の寄付をして人脈ネットワークをつくり、情報を集めては投融資してきました。それにつられて香港、シンガポール、タイ、マレーシアなどの華人資本家はお互いに電話で情報交換しては不動産を買い合ってきたのです。

ところが、市場崩壊の芽は出はじめていました。不動産投機が続いたタイは一九九六（平成八）年に多くのビルや工場の建設工事が中断していました。外資系工場進出、インフラ投資ブームと高度成長でつい二年前までは「九八、九九年には東南アジア最大の経済規模になる」とタイ政府は豪語していましたが、景気が過熱し、貿易赤字が大幅に増えました。目先の利く米機関投資家など一部が逃げ出し、株価も急落しはじめていたのです

一九九七年五月の連休明け、私は日経朝刊で〈アジア・ドル連動制に転機〉と題する長文の

コラムを書きました。すると、数日後には、ヘッジファンドによるタイの通貨バーツの大量売りが起きます。日本国内の金融界の知人たちから電話がかかってきました。「田村さん、あなたの記事が引き金になったんだね。大変なことになりそうだ」とパニック状態です。アジア通貨危機の始まりは一九九七年七月というのが定説ですが、本当の起点は五月なのです。記事の全文を紹介しましょう。

〈高度成長を謳歌してきたアジア経済の様子がちょっとおかしい。原因の一端は米ドルに固定させる通貨制度にある。ドル高に連動して強い自国通貨を背景に、資本流入が続き建設・投資ブームが続く。投機資金がなだれ込む。不動産投機が広がる。為替レートを維持すれば産業競争力は低下する。為替を切り下げようとすればインフレが悪化するし、資本が逃げる。

アジアでは、程度の差こそあるが自国・地域通貨が米ドルに連動している。香港は一米ドル＝七・八香港ドルに固定している。「通貨バスケット制」のシンガポール、タイ、インドネシアなどは自国通貨を複数通貨混合値に合わせているが、米ドル相場に最も影響される。韓国は管理相場制である。

各国通貨の最近の動向を、物価上昇率や貿易取り引き相手国の通貨の変動を計算に入れた実質実効為替レートでみると、円と対照的に高くなっている。ＪＰモルガンの調べでは、ことし三月の平均値は九五年平均に比べ日本円が二一パーセント弱くなっているのに比べ、香港一三パーセント、シンガポール七・六パーセント、韓国二・四パーセント、タイ一五パーセント、フィリピン二二パーセントと各上昇し、軒並み強くなっている。

各国・地域ともインフレ率が米国よりかなり高い。おカネの価値が下がる、つまり対ドル相場が下がって当然だが、連動制をとる通貨当局はそうさせない。投資家は為替差損どころか差益すら見込めるこれら国・地域に安心して投資できる。

典型例が対中国返還を控えた香港である。北京政府が返還後の香港ドルの固定レート維持を保証しているので東南アジア華僑や中国の企業がこぞって香港の不動産・株式を買い、地元の庶民もつられて投機に走り不動産市場は過熱を極めている。

日本を追い越す目標に邁進してきた韓国は円に対するウォン高で造船、鉄鋼、半導体の競争力低下が目立っている。

タイとなるともっと深刻だ。タイは日本などからの直接投資とインフラ建設で景気が過熱し、輸入急増で九五、九六年と貿易赤字が大幅に増えた。インフレ率も上昇し、不動産は投機の的になった。金融を引き締めたが、バブルが崩壊し、金融不安が広がっている。輸出も不振でまさに二重の苦しみにある。通貨「バーツ」を切り下げようとすれば投機資金が流出し、経済の混乱がひどくなる。

タイを教訓にして、周辺各国はバブル発生を防ごうとしてこの四月からシンガポール、マレーシア、フィリピンが不動産投機防止策を相次いで打ち出した。

各国がタイの二の舞を避けられるかどうか、不安は残る。現行通貨制度のもとで景気が拡大すると対外収支は悪化する。自由化の波は金融・資本市場にも及び、外資流入を促すがそのついでに投機資金が殺到してきた。

中国市場が余剰資金を吸収するために問題が緩和されている香港でも、「現在の香港ドルの対米ドル固定相場制は香港返還のためという政治的理由だけで存在している」（東亜銀行のデービッド・リー＝李国宝＝会長）と疑問視する声が出ている。

世界標準の米ドルを基準に自国通貨を固定することは確かに便利でアジアは多大な成功をおさめることができた。しかし、地球規模で広がる市場自由化時代では、ドル本位制は経済成長を不安定にする。韓国は変動相場制への移行が不可避だし、バスケット制の各国も変動幅を広げるか、円などの変動をもっと反映するよう手直しせざるをえないだろう。

その点、アジアの中の日本は無関係とは済まされない。日本はビッグバン（金融大改革）により、巨額の資本の出入りを自由にし東京市場を活性化させ、金融収益大国をめざす。しかし、国際的に円資産を使いやすくしてアジア各国・地域の米ドル依存を軽くするようにしないと、アジアが受ける恩恵は乏しいのではないか。

（香港支局長　田村秀男）〉

まさにこの通りのことが起きたのですが、記事は当初、日経東京本社編集局からボツにされかけたのです。要するに、「発展著しいアジアにそんなことが起きるはずはない」と、元タイ・バンコク支局長のアジア部長Hが決めてかかるのです。最初の出稿記事は、〈アジアの通貨に暴落の危機〉とズバリ、そのものでしたが、どうしてもアジア部長が譲らない。載らなければ元も子もないので、「暴落」という表現を文中から削除し、見出しも〈アジア・ドル連動制に転機〉と穏当な表現に切り替える妥協策をとったのです。

当初案であれば、私の記事は恐らく歴史に残る大スクープとして記録されたのではないかと、あとで悔やんだものでした。温厚なはずの私も、帰国したときHと顔を合わせると思わず「このバカヤロー、まだ部長をやってんのか」と面罵してしまいました。

アジア通貨危機の内幕を取材

私はくだんの記事の約一年後、香港からタイ、インドネシアなどに飛び、現地取材しました。当事者の口から生々しい証言が出てきます。

ソロス・ファンドやタイガー・ファンドなどヘッジファンドはまずは試しにバーツの先物売りを一九九六（平成八）年秋ごろから始めていました。するとタイ中央銀行はさっそく市場介入しています。

一九九七（平成九）年に入ると二月にも再び売り攻勢に出ました。「そのときまだ先物売り攻勢は序の口だったが、本格化したのは五月中旬からです」とタノン前蔵相は言います。五月中旬とは、ちょうど拙記事が載って間もないころ、ソロス・ファンドが香港売りを諦めたと思われるときです。タイ中銀は現物と先物の両方でドル売り市場介入を実施しました。六月末の外貨準備高は表面上三二四億ドルでしたが、バーツ防衛のため実施した先物予約によるドル売り介入額が今後一年間に決済期限を迎える分だけで二三四億ドルにのぼります。外貨準備はこのときすでに底をつきかけていました。

介入規模は三〇〇億ドル近く、一九九六年のタイの国内総生産（ＧＤＰ）の一五パーセント程度に相当します。タイにもはや余力はなくなっていたのです。一挙に数百億ドル規模の資金を動かすヘッジファンドに対し、軍資金は乏しい。七月には耐え切れずに変動相場制に移行し、バーツは錐《きり》もみ状態で急落しました。ヘッジファンドは巨額の利益を確定したように見えました。

しかし、タノン蔵相（当時）らは必死になってヘッジファンドに一矢を報いようと捨て身の策に出ました。バーツの投機売りの多くは帳簿上だけ海外取引扱いにするオフショア市場での先物売り投機です。タイは国内の銀行に対し五月中旬からオフショア市場での投機家向けのバーツ売りを禁じました。ヘッジファンドのパソコンから通信回線を通じて入るバーツ借り入れの注文を銀行のオフショア用の帳簿で受け入れます。ヘッジファンドは先物の決済期限が来たらそのバーツで返済する。決済時にバーツが下がっていれば儲かりますが、返済に必要なバーツを入手できないとヘッジファンドは決済できず大損します。

先物三ヶ月物の期限が八月中旬に到来します。この外為規制はヘッジファンドの喉に刺さった棘《とげ》だったのです。

ところが、「米国は逆に我々の喉元に剣を突きつけた」（タイ政府高官）のです。この〝脅迫〟事件は八月中旬、国際通貨基金（ＩＭＦ）がタイへの金融支援を最終決定する前に起きました。三ヶ月先物期限直前のことです。このとき、ルービン米財務長官はタノン蔵相に電話をかけ、米国がタイ支援に賛成するためのふたつの条件を明示したのです。真っ先に挙げたのはオフショア・バーツ売り凍結の解除です。タイは米投機家を追いつめる寸前でしたが、ルービン長官は「投機は市場活動の一部」との口実で、最後に立ちはだかったわけです。

ルービン長官はさらにたたみかけます。「貴国の外貨準備をめぐって市場ではいろいろな噂が飛んでいる。それをすっきりさせるためにも内容を明らかにすべきだ」と。タイの外貨準備は見かけでは三二〇億ドルあまりでしたが、先物のドル売り介入分が二三〇億ドルに達し、実際に市場介入できる額は約九〇億ドルしかありません。これを公表すると、市場はタイ当局の足元を見てバーツ売りを続ける恐れがあったのです。

これらの条件をタイはほぼ飲まざるを得ませんでした。大国米国が拒めばＩＭＦのタイ支援は白紙に戻り、タイ市場の混乱に拍車がかかることを恐れたのです。

タイ政府は投機家向けのバーツ供給は先物取引を更新することを条件に認めました。外準の中身は八月二〇日にＩＭＦ理事会がタイ支援を最終決定した直後、タイ中央銀行のチャイワット総裁が記者発表で明らかにしました。案の定、バーツはさらに下がりました。

米投機家は先物予約を更新しましたが、バーツがさらに下がりつづけるようだと、為替売買益は一層増えます。バーツを買い支えるタイ中央銀行はさらに差損を受けます。タイ経済はこうしてヘッジファンドの餌食にされ、崩壊しました。その挙げ句にタイはＩＭＦの条件を飲んで、緊縮財政と経済改革に追い込まれたのです。

ウォール街＝財務省複合体

「アジア危機の発生は資本移動に伴う危険性を知らしめた。だが、人々は資本移動の自由化は誰にでもメリットをもたらすという神話に支配されている。資本移動の自由をグローバル化したのはウォール街、財務省、国務省、ＩＭＦ、世界銀行に存在するネットワーク〝ウォール街＝財務省複合体〟である。彼らは米国金融界の利益がすなわち世界の利益だと考えている」（バグワティ・米コロンビア大学教授）
ウォール街＝財務省複合体がタイを打ち負かすと同時に通貨危機は東アジア全域に広がっていきます。
ドルへの連動性を敷いていた国・地域は大きく揺れました。世界の外為取引高は一日一兆二〇〇〇億ドルで、巨大ヘッジファンドは資産残高が一〇〇〇億ドルを超えます。外貨準備が多くても数百億ドル程度のアジアの国々では外為規制なくしては戦えません。ウォール街＝財務省複合体はこれに対し、自由化の後退を阻止し、経済の一層の自由化を求めるのです。

クリントン政権は一九九八（平成一〇）年一月には、アジア各国の金融危機を市場開放実現の好機と捉《とら》え、国ごとに優先目標を設定して市場開放を求める政策に着手しました。IMFを中心とする支援計画で米国が主導権を握り、緊急融資の条件として規制緩和や制度改革など米産業界の要望を盛り込んだのです。政府内で対立する局面が多かった財務省と米通商代表部（USTR）が、対韓国、フィリピンなどの通商政策で足並みをそろえたことになります。

知り合いの米通商当局者は、アジアの金融危機について「予期せずUSTRに有利な展開になった」と漏らしたものです。

財務省が担当する金融政策を側面支援するかたちで、米企業の輸出拡大につながる市場開放に関し、各国政府に具体的な要求を突きつける機会が生まれたためです。

韓国については、農業、通信、自動車の三分野を重視。総額二一〇億ドルのIMF融資の条件として、実施期限を明記して国内企業への優遇税制の撤廃、規制緩和などの実施を迫りました。最大の出資国米国はIMFに対する政治的影響力を最大限に行使し、USTRがまとめた市場開放要求を財務省がIMFに提示したわけです。

クリントン政権はフィリピンには、世界貿易機関（WTO）の基本電気通信合意の早期批准を迫り、通信の規制緩和を要求します。インドネシアについては自動車の市場開放を優先課題として突きつけました。ＩＭＦ、世界銀行など国際機関を軸に進む金融支援を利用し、「新興市場国の通商産業政策の是正を迫る」（米政府当局者）のです。

その圧力を前向きに捉《とら》えるなら、米国主導のグローバリズムは自由化改革の強制力と評価できるかもしれません。財閥中心の閉鎖的な構造にひずみがたまっていた韓国が典型例です。しかし、インドネシアのようにスハルト体制が崩壊し、政治経済、さらに社会が大混乱に陥ったケースも少なくないのです。

アジア通貨基金の挫折

さて、舞台を香港に戻します。一九九七（平成九）年九月、世界銀行・ＩＭＦ年次総会が香港で開かれました。主議題は「アジア通貨基金（ＡＭＦ）」の設立構想です。シンガポール、タイ、マレーシアなど東南アジア諸国連合（ＡＳＥＡＮ）から提起され、日本が賛同していました。タイのバーツ危機に始まるアジア通貨の投機売りに直面したアジア各国が外貨を出し合って、通貨の安定を図るわけです。なかでも日本は一九九七年七月に財務官に就任していた榊《さかき》原英資《えいすけ》氏が積極的で、主導していました。榊原氏は香港のＩＭＦ世銀総会で合意し、設立にもっていこうと精力的に根回しに奔走《ほんそう》しています。

私は旧知の米国財務省や金融関係者が多いので、会場や関係者が宿泊するホテルのロビーに行くと、彼らが私の姿を見るや「話がしたい」と呼び止めます。彼らが異口同音に言うのは、「AMFなんてとんでもない。主導する日本はけしからん」と大変な剣幕です。「何で反対するんだ。通貨危機防止のためには必要じゃないか」と反論すると、「すでにIMFがあり、それで充分だ。屋上屋を重ねることになり、IMFの機能を壊してしまう」と強い口調です。

おまけに、私とも古い知り合いで、財務省では榊原氏の先輩の杉崎重光《すぎさきしげみつ》IMF副専務理事までも私に会うと、同じく反対だと言い切ります。恐らく、IMF内では四面楚歌《しめんそか》の状況なのでしょう。日本側の肩をもつどころではありません。これはただごとじゃないな、AMF設立は難しいな、と直観したわけです。

ちょうどそのとき、会場から出てきた榊原氏と出くわしました。いつもはにこにこしているのに表情が硬い。「榊原さん、アジア通貨基金は米国が強硬に反対しているが、大丈夫か」と問いかけると、無言でちょっと軽く手を挙げてそそくさと離れて行きました。

そこで、本腰を入れて裏舞台の取材に入ります。得た情報は、カギは中国の出方にある、とのことです。米国が反対しても、中国が賛成すれば米国抜きでもAMF設立が可能だ、とアジア各国関係者の読みでした。

そして、出席していたルービン財務長官の動静を探ろうとしたら、長官は総会の初日に顔を出しただけで、二日目には北京へと飛んだことがわかりました。相手は国務院副総理（第一副首相）の朱鎔基です。前述したように、朱鎔基は香港返還前、ソロス・ファンドの香港ドル投機を断念させるようルービン長官に頼んでいます。そして、その時点ではアジア通貨基金構想そのものに中国は賛同していましたが、参加するかどうかについては態度を保留していました。そこでルービンは朱鎔基と直接会って不参加を求めたのです。

日本について、米中の思惑は一致するはずです。アジアで日本に主導権を絶対にとらせない、と。のちに榊原氏が回想録を読売新聞に連載したことがあります。そのなかでアジア通貨基金構想をめぐって議論した相手の国際担当財務次官補だったティモシー・ガイトナーに、「覇権国になった気分はどうだい？」と皮肉られたという話を書いていました。

ドル覇権を日本に渡さないという米国の決意は固かったのです。他方で、中国のほうも日本主導の通貨金融機構を警戒し、米側に歩み寄ったのでしょう。

もっとも、日本自体が米国の強硬な反対を押し切ってまでアジア通貨基金を推進できたはずはありません。あとで、財務省筋から聞かされたのは、通貨基金断念の決定打はクリントン大統領から橋本龍太郎《はしもとりゅうたろう》首相にかかってきた電話だということです。その時期は香港総会開催時で、三塚博《みつづかひろし》蔵相のアジア通貨基金設立案を閣議決定する直前に、ホワイトハウスから電話があったのです。それで、設立案は閣議にかけられないまま葬られたのです。

そして米国は、どんどん中国を重視する方向へと動いていくことになり、日本のアジアにおける影響力は衰退の一途を辿るのです。

第五章

二〇〇〇年代以降——課題山積の時代

インドネシアのイスラム指導者と意気投合

香港から東京本社に異動になったのは、一九九九（平成一一）年三月でした。東京に戻っても、通貨危機後、混乱が続くアジア取材を継続しました。なかでもインドネシアについては深く没頭しました。インドネシアは二億数千万人の大国で、国民の多くはイスラム教徒です。石油、天然ガスなど資源も豊富です。通貨危機はインドネシアの開発独裁――経済発展の途上にある国の政府が、国民の民主的な政治参加を抑制しながら、急速な発展と近代化を目指す体制――時代を終わらせたわけですが、政治改革が一朝一夕に成るわけではありません。

一九九九年一〇月、首都ジャカルタが反ハビビ政権デモで騒然とするなか、厳戒態勢の国会（国民協議会）に、知り合いの市民運動家の手引きでなんとか入り込み、国会議長のアミン・ライスに単独会見しました。ライスはイスラム系民主主義勢力のリーダーで、前年に強権のスハルト大統領を退陣に追い込み、スハルト政権末期の副大統領ハビビをとりあえず昇格させたフィクサーでもあります。しかし、政治社会情勢は落ち着きません。市民の多くがスハルト時代の延長だとしてハビビ政権に反発を強めるなか、ライスは私との会見で以下のように述べました。

「ハビビ政権が実行した報道の自由、表現の自由や多くの政治犯の解放などは高く評価できる業績だと思う。しかしＫＫＮ（腐敗、癒着、縁故びいき）追及や汚職の除去については全体的に強い姿勢を示さなかった。彼が果たした建設的な役割と合わせて考えると、私は複雑な気持ちだ。

スハルト体制は『開発と安定』、ハビビ政権は『改革と開発』を旗印としてきたとすれば、来るべきは『改革と変化』というふうに特徴づけられるだろう。我々は過去の経験と現状からはっきりと決別する覚悟がある。

我々はすべての外国企業との契約を尊重する。外国の投資家にはインドネシアに回帰するような環境を整え、外国企業とは可能なかぎりたくさんインドネシア政府とともに事業を行えるようにしたい。日本企業にはとくに投資再開で期待している。日本は一九四二（昭和一七）年のインドネシア占領後の三年間があるから、インドネシアでの経験が豊富だ。両国は謂《い》わば兄弟だと私は思う。

欧米は長い間『イスラムは時代遅れで非民主的である』など、さまざまな偏見に陥っている。我々もまたイスラム教徒として普遍的な民主主義を信じているし、イスラムの価値観は民主主義の価値観あるいは民主主義となんら相違はない。世界は狭くなっており、グローバルな自由化の過程で来たるべき世紀には東西、南北の世界の相互理解を促進しなければならないと思う」

ライスは徹夜続きでした。私との会見が一段落するや机に突っ伏して数分間休みました。かと思うと、パッと起きて電話をとり何か指示しました。それがハビビ大統領の退陣が決まった瞬間でした。その翌日、私はライス邸にも招かれ、すっかり意気投合しました。

帰国後、私の報告を受けた日本経済新聞社の幹部は「じゃあライス氏を日本に呼ぼう。田村、お前がやれ」と言います。日経は翌年の二月、ライスを東京に招き、ホテルオークラで講演会を開催しました。私は講演会を司会したばかりではありません。ライスを日本の政府や国会の要人のもとに案内しました。ところが、行く先々で外務省儀典局官僚が待ちかまえていて私が部屋に入るのを懸命になってブロックします。「あなたは記者だから入っては困る」と。ライスとのパイプをつくり、日本の要人に紹介する私を締め出そうとするのです。

日本の対発展途上国外交は円借款《えんしゃっかん》などカネにものを言わせます。現地の大使夫人は訪問先の幼稚園などに小口の無償援助を約束してはご満悦といった評価が日本人コミュニティでは多いのです。ジャカルタでもその域を出ません。そんな具合なので、日本の大使館は民主主義と改革という理念を掲げ、利権無縁のライスはノーマークでした。

民間人である私が公然と政界の有力者に紹介するのは、外交当局には何かと不都合だったのでしょう。大事なのはそんなことよりも日本とインドネシアの関係緊密化であり、ライスの考え方をよく知る私が間に入ればその役に立てるのに、やはり外務省は形式にこだわるお公卿《くぎょう》さん集団なのです。

ともかく、ジャーナリストの枠外の活動は何かと労力とストレスがかかります。やはり取材と執筆に専念するほうが私には向いていますね。

小泉構造改革を後押しするブッシュ政権

二〇〇一（平成一三）年一月二〇日に、ジョージ・ブッシュが第四三代米大統領に就任します。こちらは一九八九（平成元）年就任、一期四年間に終わったジョージ・W・ブッシュ大統領の息子のほうです。同じ年の四月に日本では、小泉純一郎《こいずみじゅんいちろう》政権が誕生しました。

先述したように、クリントン政権の八年間、日米関係は低調で、米中関係が緊密度を高めていました。日本経済は九〇年代初めのバブル崩壊後の不況が続くなか、九〇年代後半には慢性デフレに突入していきます。

さらにクリントン政権は、一九九七（平成九）年に中国を誘い込んで日本主導のアジア通貨基金構想を潰したあと、日本のバブル処理に厳しく注文をつけました。当時、私は香港にいましたが、バブル処理をめぐる日米間の調整についても、日米のニュース源とのパイプを保ち、緊迫した状況は把握していました。当時の取材メモには、不良債権処理について以下のような米側の厳しい対日注文が記されています。

〈一九九八（平成一〇）年九月四日、米サンフランシスコのフェアモント・ホテル。元首相ながらあえて小渕恵三《おぶちけいぞう》内閣の蔵相を引き受けた宮澤喜一《みやざわきいち》氏はルービン財務長官と就任後初の日米蔵相会談に臨んだ。ルービン氏は巨額の不良債権処理が遅れ、信用不安を抱えたままの日本の大手銀行に対し、政府による公的資金の注入を求めていた。しかし、財政や金融の知識と経験が豊富で、プラザ合意後にはベーカー財務長官とも渡り合った宮澤氏は「日本には日本のやり方がある」と譲らない。すると、ルービン長官は宮澤氏をなじった。「日本は緊急性の認識が足りない」「質、量、スピードのいずれもだ」と。さらにその日の夕食会の席上ではグリーンスパン米連邦準備制度理事会（ＦＲＢ）議長とともに、公的資金の早期注入を強く迫った。

同年九月二五日、ルービン氏に代わって米財務長官に昇格、就任していたラリー・サマーズ氏は七ヶ国財務相・中央銀行総裁会議（Ｇ７）出席のためワシントンに滞在している宮澤蔵相を深夜の電話で呼び出し、怒鳴りつけた。「ミスター・ハヤミ（速水優《はやみまさる》日銀総裁）はいったい何を言っているんだ。彼に記者会見のやり直しをさせろ」と。その日の昼間に発表されたＧ７共同声明では当時問題になっていた急速な円高の阻止について、「円高について日本政府の懸念を各国が共有する」とあった。じつは、「円高阻止」に米側は難色を示していたが、水面下の事前折衝の結果、速水日銀総裁が金融緩和に向けた柔軟姿勢を明らかにすることを条件にしていたのだ。ところが速水総裁は、Ｇ７声明後の記者会見で「為替相場を金融政策で直接管理する考えはない」と強調したのだ。サマーズ長官は約束違反だと、激怒した。結局、宮澤蔵相は屈辱的な米側の要求を受け入れ、速水総裁は翌日に再度記者会見し、為替相場の影響を含めて金融政策を柔軟に運営する方針を強調した。〉

日銀としてはプラザ合意後、米側の要求に従ったままズルズルと金融緩和を続けたことがバブルを招いたとの反省があるから抵抗したのですが、やはり覇権国米国の剣幕には逆らえなかった一幕です。

クリントン政権時代、日米通商問題の「包括協議」合意は不発で、通貨・金融調整は成らず仕舞いでした。先述のように、クリントン大統領は一九九八年六月には日本に立ち寄ることなく九日間にわたって訪中する「ジャパン・パッシング」を敢行する始末でした。

そのクリントン政権がブッシュ政権に代わると、米中日の三角関係の振り子が日米へと振れ出します。

二〇〇一（平成一三）年四月下旬、小泉政権が発足して間もなく、久方ぶりにワシントン取材をしようと、ホワイトハウスに申し込むと、即ＯＫの返事です。

ただちに飛びました。ブッシュ政権で米国国家安全保障会議（ＮＳＣ）日本・朝鮮担当に就任したばかりの、ジャパン・ハンドラー（知日派）でもあるマイケル・グリーンをはじめとしてホワイトハウス、さらに議会や共和党の要人と会いました。

ホワイトハウスのＮＳＣスタッフが居並ぶ部屋は狭く、その片隅でグリーンは言います。

「我々はこれ以上日本経済が弱くなるのは、中国の脅威を考えると非常にまずいと考えている。小泉改革をサポートする。小泉の抵抗勢力の名前を教えてくれたら、我々は直に会って説教してやる」と意気込んでいます。「そこまでやるか」と思ったものです。米国としては中国を牽《けん》制《せい》する必要があり、そのためには小泉首相を側面支援して日本の存在感を強くする必要があるというわけです。つまりは、米国のためです。

それにしても、日本がバブルだった八〇年代末、さらにバブル崩壊の九〇年代前半でも「米国が日本に買われる」とまで言われて、日本脅威論が米国内で騒がれていたのとは大違いです。「日本を強くする」と論調が変わってきたわけで、「ずいぶんと時代が変わってきたな」としみじみ思ってしまいました。

グリーンは「小泉がやろうとしている郵政改革をはじめとする構造改革は、米国は全面的に支援する」と言います。「自民党をぶっ壊す！」をスローガンに自民党総裁選で勝利した小泉氏は、国営だった郵政事業の組織を民営化する郵政民営化だけでなく、「構造改革なくして景気回復なし」とのスローガンで、道路関係四団体、石油公団、住宅金融公庫、交通営団など特殊法人の民営化も実行していきます。そのために、人気のあった石原伸晃《いしはらのぶてる》氏を行政改革担当大臣に、民間から経済学者の竹中平蔵《たけなかへいぞう》氏を経済財政担当大臣に起用しました。

国の政策目的実現のために使われる財政投融資の大きな資金源になっていたのが、郵便貯金や簡易保険です。それが民営化されれば、巨額の郵貯、簡保資金が国内外の金融市場に流れ、米国の投資ファンドが運用できます。米国の株式や債券にも投資されますから、世界最大の債務国として海外からの資金流入を必要とする米金融市場の安定につながります。それを銀行は、米国に投資することになります。もちろん、米国の銀行や保険会社のビジネスチャンスを拡げることになります。

　小泉改革はまさに、米国の利害と一致するものでした。もちろん、中国の増長について、共和党系のアナリストたちはその五年ほど前から警鐘を鳴らし、バブル崩壊後の日本の衰退ぶりを踏まえつつ対アジア戦略を検討してきました。グリーンはそのグループの一員でもありました。

短期間に終わったブッシュ政権の対中強硬路線

　ブッシュ政権は少なくとも発足時は対中強硬論で内部が結束していました。

　ワシントンでの取材を終え、私は西海岸のサンディエゴに飛びました。クリントン政権時に国務省のアジア担当だった旧知のスーザン・シャーク女史を訪ねるためです。彼女はカリフォルニア大学サンディエゴ校教授に復職していました。夫君も民主党系の政治学者で、夫妻の家に招かれて歓談しました。

　当然のように、ブッシュ政権の対中政策に話題が及びます。すると彼女は「ブッシュは米中関係をダメにするつもりかもしれない」と言います。彼女が気にしているのは「海南島《かいなんとう》事件」でのブッシュ大統領の対応です。

海南島事件とは、ブッシュ政権が発足して間もない二〇〇一（平成一三）年四月一日に、海南島付近の南シナ海上空で、中国国内の無線通信傍受の偵察活動をしていた米海軍の電子偵察機と、中国人民解放軍海軍航空隊所属の戦闘機が空中衝突した事件です。人民解放軍機は墜落しパイロットが行方不明になりましたが、米軍偵察機は大きな損傷を負ったものの海南島の飛行場に不時着し、搭乗員は中国当局によって身柄を拘束され、米中関係の軍事的緊張が高まっていました。

シャークはワシントンを離れても、ホワイトハウスの中国担当とはひんぱんにやりとりしています。そしてホワイトハウスの内幕を話してくれました。「ブッシュ大統領は就任後、各国の就任祝いの電話がかかってくるが、中国の江沢民《こうたくみん》国家主席・党主席の電話には出なかった。それどころか、海南島事件が起きると、江沢民のほうから何度も電話がかかってくる。ところが、ブッシュは電話を取り次ぐスタッフに向かって、『そんな電話はとるな』と拒絶しつづけている」と言うのです。なるほど、グリーンらホワイトハウスの対中強硬論は徹底していたのです。

シャークはいわゆる「親中派」ですが、二〇〇七（平成一九）年ごろに来日した際、私を訪ねてきたときには、中国への見方が少し変化していました。中国のセンサーシップ――ハイテクによる市民監視――は問題で、あの技術は米国から行っていると、彼女は怒っていました。世界最大のコンピュータ・ネットワーク機器開発会社である、米国のシスコシステムズ社から中国に技術が流れ、それを基礎にして中国は独自の監視システムを発展させてきています。

海南島事件に話を戻しますと、五月二四日に機体もパイロットも中国が米国に返還して、一件落着になりました。米軍機の機体をバラバラに分解して搭載されている高度な技術を窃取することも可能だったはずですが、そっくりそのまま返しています。それでも、米国は電子システムを全面的に変更したようです。当時の江沢民政権は米国との友好関係を壊したくはなかったので、一貫して下手に出たのです。江沢民は最高実力者だった鄧小平《とうしょうへい》の「韜光養晦《とうこうようかい》（＝「能ある鷹は爪を隠す」という中国の格言）」を守っていたのです。

中国の膨張へと導いた「九・一一」同時多発テロ

米国がそろりと動き出したのは、七月になってからでした。七月二八日にコリン・パウエル国務長官が中国を訪問します。ブッシュ政権の要人としては初めての訪中でした。ポール・オニール財務長官も九月初め、それこそ九・一一の直前に中国を訪問しています。

オニール財務長官の訪中は、米中の通貨金融対話のためです。中国は人民元を米ドルにペッグしている固定相場制ですが、オニールは江沢民と人民大会堂で会い、人民元の変動相場制は求めないことで合意しています。変動相場制に移行すれば中国経済は崩壊してしまうので、そんな厳しい選択を中国に迫ることを米国としても避けたわけです。

そのときのことが、オニール提供の書類や資料を基にしたノンフィクション・ノベル“The

Price of LOYALTY”（Ron Suskind著）（邦訳は『忠誠の代償』〔武井楊一訳　日本経済新聞出版刊〕）のなかで触れられていて、オニールは「中国経済崩壊はまずい。そうならないように、人民元を仮にドルに対して変動させるにしても、ちょっとにしましょう」と語っています。

江沢民との会談の翌日、二〇〇一（平成一三）年九月一一日に米国同時多発テロ「九・一一」が起き、やっとの思いでオニールは米国に戻ってきますが、この通貨合意がブッシュ政権の対中政策として定着していきます。

九・一一はイスラム過激派テロ組織アルカイダによってハイジャックされた旅客機二機が、ワールド・トレードセンターに突入し、崩壊させた事件です。さらにペンタゴン（米国国防総省本庁舎）にも旅客機が突入し、建物の西側が部分的に崩壊しました。また四機目の旅客機では、乗員乗客がハイジャック犯の拘束を試みた結果、野原に墜落してしまいます。

九・一一はさらに、中国の世界貿易機関（ＷＴＯ）加盟を早める機会になりました。中国のＷＴＯ加盟については、クリントン政権が前向きに取り組んでいたのですが、米国議会がどうしても納得しませんでした。そしてで中国を警戒するブッシュ大統領のもとでは加盟交渉は膠着《こうちゃく》状態のままです。

ＷＴＯに加盟することは、貿易に関する国際ルールのなかに入ることになります。そのため信用度は高まり、貿易を促進できるとともに、海外からの投資が増えることにもつながります。改革開放路線を推し進めることになるわけで、中国としては、どうしても実現したいことだったのです。

それが二〇〇一年一一月一〇日、中東・カタールの首都ドーハで開かれていたWTO第四回閣僚会議において、満場一致で可決され、中国のWTO加盟が認められました。これは、米国が賛成したからです。

米国が軟化したきっかけは、九・一一です。

ブッシュ大統領は「テロとの戦い」を宣言し、九・一一に関与したとされるアルカイダへの反撃を決定します。アルカイダの指導者だったビン・ラディンを匿っていたアフガニスタンのタリバン政権に身柄の引き渡しを要求しますが、拒否され、一〇月七日にアフガニスタンへの空爆を開始し、さらに侵攻も始めます。

アフガニスタンへ侵攻するためには、どうしても中国をおとなしくさせておく必要がありました。もしも中国がアフガニスタン支援に回れば、アフガニスタン侵攻は難しくなってしまうからです。

アフガニスタン侵攻を優先するブッシュ大統領は、WTO加盟を了解することで中国を懐柔し、議会も説得したというわけです。そして、アフガニスタン侵攻を実行しました。

米国の侵攻によってタリバン政権は崩壊しますが、タリバンは各地でゲリラ戦を展開したので紛争は続きます。侵攻開始から二〇年後の二〇二一（令和三）年八月、米軍はアフガニスタンから撤退しました。

その後、タリバンは政権を奪還しました。結果として、アフガニスタン戦争で米国は敗北したと言えるでしょう。

ブッシュ政権はこうして、当初の対中強硬路線を放擲《ほうてき》し、通貨・金融、さらに貿易でも融和路線を歩み、中国の膨張を後押しする羽目になるのです。

イスラム過激派によるテロ攻撃は中東情勢を変え、グローバルな対テロ戦争時代を到来させたばかりではありません。対外貿易拡大とそれによる国力増長を背景にした軍事超大国中国の台頭を米国に容認させ、促したわけです。さらに、二〇〇八（平成二〇）年九月の未曽有の米国発金融危機、「リーマン・ショック」後でも米国は中国市場を頼り、中国の飛躍的な成長を容認してきたのです。

真の意味での対中強硬路線は、二〇一七（平成二九）年のトランプ共和党政権誕生まで復活することはなかったのです。

日中戦争岐路の現場、黄土高原

一九九九（平成一一）年三月に香港から東京本社に戻って編集委員となると、日々のニュース取材に関与することは少なくなり、自由な時間がたっぷりとれるようになりました。そこで、日本経済研究センターの欧米研究会というグループを座長として立ち上げ、エコノミストたちを集めて、その研究結果を報告書としてまとめることにしました。情報技術（ＩＴ）革命、株主資本主義の研究といったところで、香港時代まで充分把握できなかった新たな潮流を把握できたことは幸いでした。そのときの研究パートナーが研究センター理事長の土志田征一《としだせいいち》さんです。土志田さんは経済企画庁のエコノミスト最高位を経ただけあって、経済分析力がすばらしい。彼のアカデミズムをジャーナリズムに融合させようと試みたわけです。

二〇〇三（平成一五）年からは、香港時代に着手した中国研究を集大成することにしました。史実、経済データ、経済理論、現場取材すべてを組み合わせる。それが『人民元・ドル・円』（岩波新書）という本になります。日中戦争時代の文書や記録、香港大学などで集めた人民元に関する膨大なデータ、いくつもの段ボール箱に詰め込んだままの取材メモを再整理しました。類書はなく、一部の大学の大学院ゼミのテキストにもなりました。

そうしている間に日経の定年が二〇〇六（平成一八）年一〇月に迫っていました。担当分野がかぎられるうえに、霞が関や金融界、ビジネス界に忖度《そんたく》する風潮が目立つようになった日経はもう卒業して、もっと幅広く自由に仕事したいと思っていたら、たまたま旧知の産経新聞社の住田良能《すみたながよし》社長（当時）と会う機会がありました。訪ねた社長のオフィスは、さほど広くはない作業部屋で、資料だらけです。社長自身が新聞記事を切り抜く。新聞記者の現場そのものです。

日経の社長の部屋は豪勢で、メガバンクの頭取の部屋然としているのと好対照です。そこで思わず、「住田さん、産経で書かせてもらえるか」と話したら「おお、来てくれるか」の返事、即決です。ただ、「立つ鳥跡を濁さず、静かに移ってきてくれ」と言われたので、日経の杉田《すぎた》亮毅《りょうき》社長には産経に移るとは言わず、「六〇歳のけじめですので、日経から離れてジャーナリスト活動をしたい」とだけ伝えました。

杉田さんは驚き、「希望通りのポストを用意するから、日経に残れ」と慰留されます。「ありがたいですが、決心は変わりません」と辞退しました。その翌日から、人事担当専務、編集局長など同僚から、ひっきりなしに電話がかかってきて引き留められました。「杉田社長からは『羽交い締めにしてでも田村を引き止めろ』と言われている」と同僚は言います。名誉なことだと謝意を交えながら、断りました。家族からも反対されましたが、「ここで翻意するようでは男がすたるんだ」と、昭和流にいなしました。

一〇月末に定年退職し、一一月には中国の内陸部、黄土高原《こうどこうげん》を回りました。国際協力機構（JICA）から中国への円借款など経済協力プロジェクトの評価を頼まれ、現場視察に行ったわけですが、中国の内陸部奥深く行けるのはまたとないチャンスです。

山西省《さんせいしょう》の黄土高原、標高は一二〇〇メートルくらいです。何万年もの間、風雨は黄土の大峡谷を溶かし、崩し、高原の大半を平野と崖《がけ》の混在した複雑な地形にしてしまいます。そんな山あいの村々にはいまでも「窰洞《ヤオトン》」と呼ばれる横穴式洞窟《どうくつ》の住居が点在します。

なぜそこに関心を持ったのか。窰洞を舞台にした日中戦争時の秘史を、汪兆銘《おうちょうめい》政権の幹部だった日本への亡命中国人から聞かされたことがあるからです。『人民元・ドル・円』で日中の通貨戦争の時代を調べた私としては、貴重な現場検証になりました。その方から渡されたのは陸軍中野学校出身の井崎喜代太《いざききよた》氏の回顧録です。井崎氏は特命を帯びて対中和平工作に奔走《ほんそう》し、当時の様子を描写しています。

一九四二（昭和一七）年五月六日、この黄土高原の一角の窰洞で日中戦争の帰趨《きすう》を左右しかねなかった会談が開かれたのです。日本軍の第一軍司令官若松義雄中将と、中国山西軍の閻錫《えんしゃく》山《ざん》将軍が会談。若松中将は山西軍にラッパで迎えられ、閻将軍とにこやかに握手、和平協定が成立したかのように見えました。

当時、閻将軍は重慶《じゅうけい》の蔣介石国民党政府に協力していましたが、旧知の若松中将の誘いに乗って、日本軍の影響下にあった南京《ナンキン》の汪兆銘政府と合作し、反蔣介石で連合することを約束していました。歴史に「もしも」はありませんが、実現すれば日本軍・汪兆銘政権連合は中国の黄河《こうが》以北（華北）を取り込んで、戦況を一挙に有利に導き、蔣介石との和睦交渉の道を開いたかもしれません。対米戦争の局面も大きく変わったかもしれません。

山西軍との和平条件は、資金援助です。村の入り口では、国民党政府の通貨「法幣《ほうへい》」四〇〇万元の札束を積んだ駄馬隊が待機。「会談成功」という合図を確認した駄馬隊の隊長が「ホウヘイ前へ」と大きな声で号令。駄馬隊が一斉に動き出し、洞窟目指して前進します。

これを見て、閻将軍は血相を変えて裏口から逃げ出しました。通訳が「法幣（中国語の発音ではファピー）」を「砲兵（同パオピン）」と取り違え、「砲兵（パオピン）が来るぞ」と大声で叫んだからです。日本軍が騙《だま》し討ちしてきたと、誤解したのです。

この「ホウヘイ前へ」事件で、日本陸軍の閻錫山取り込み工作は失敗し、日本軍は中国大陸でいよいよ泥沼に嵌《はま》りました。歴史というものは、一瞬にして変わり得るかもしれないということの例です。

さて、視察の目的の援助案件の評価はどうか。資金援助は無償のものと有償の円借款に分かれ、円借款のほうは小泉政権時代に二〇〇八（平成二〇）年の打ち切りを決定済みです。大学などの無償現場に行くと、研究用機材に急遽《きゅうきょ》貼り付けたとおぼしき付箋《ふせん》が目立ちます。そこには「この機材は日本の無償援助による」と書かれています。日本の国会で、「中国は日本の援助プロジェクトであることを隠しているし、感謝の表明もないではないか」と追及されたことを気にした日本の外務省が注意喚起したので、慌てて対応したというのが真相でした。「なんだ取り繕いか」とあきれたものです。

現在の大気汚染の元凶になっている大型石炭火力発電所の設備一式は、円借款によるもので、さすがに日本の援助によることを示す金属板がどこかに貼られています。ある所長は「これから円借款がなくなると、困ったことになる」と訴えます。「なぜ?」と聞くと、「政府は円借款を前提に汚染物除去装置の導入予算を組んでいる。円借款が来なくなると、政府は『カネがない』と言って予算を付けそうにないので、我々は環境投資できなくなる」と言います。

中国では共産党が予算の配分を決めているのですが、党是である「人民のために奉仕せよ」とは名ばかりで、日本からカネが来なければ、住民の健康を守るための投資をしないのか……と思いました。ただよく考えると、中国発の大量の汚染物質は黄砂《こうさ》とともに日本列島に飛来し、私たちも巻き添えになるのです。

中国は世界最大の温室効果ガスの排出国です。温室効果ガス排出権――排出量を減らした分に与えられる商業上の権利――を販売して利益にするというインセンティブを与えないかぎり、中国は地球環境問題に真剣には取り組まないだろうと、そのときも実感したわけです。

現に二〇二一（令和三）年、中国は世界最大の排出権取引所を立ち上げました。さらにそれをはやし立てる欧米金融資本もあさましいです。

核武装できない日本

二〇〇六（平成一八）年一二月初め、産経の特別記者・編集委員になりました。

日経と産経の本社ビルは同じ東京・大手町で一ブロックしか離れていませんが、産経に移ってみると、眺める風景がまったく違います。新天地です。それなりの仕事を見せなければなりません。一二月中には、一面を飾る記事を三回くらいは書いてやろう、と思っていました。

何をやろうかと考えていて、とりだしたのが日経在籍時代に入手したままになっていたペーパーでした。「核兵器の国産可能性について」と題し、日本が核武装した場合、どれくらいのコストがかかるかをシミュレーションしたもので、政府の内部文書です。小型核弾頭試作までに三年以上の期間、二〇〇〇億〜三〇〇〇億円の予算が必要という内容です。二〇〇六年九月二〇日付で作成されています。一〇月九日の北朝鮮による核実験の直前です。政府機関の専門家が秘密裡《ひみつり》に調べたものですが、政府内部にはきちんと近い将来の危機に備える緊張感があったのでしょう。

さっそく、編集長に日本の核武装について記事を書きたいと提案したら、一二月の紙面を空けて待つ、ということになってしまいました。ただペーパーだけを記事にしてもつまらない。いろいろな分野で技術力を誇っているはずの日本が、なぜ原子力では世界のトップレベルになれないのか。それを追求しようと考え、青森県の六ヶ所村《ろっしょむら》の原子燃料サイクル施設を直撃取材することにしました。記事の締め切りまで一週間しかありません。それも一二月の下北《しもきた》半島です。現地は猛吹雪でした。

六ヶ所村にある核燃料の再処理工場は、一九九三（平成五）年から二兆円以上もの費用をかけて建設が進められたものの、トラブルが相次いで竣工《しゅんこう》は二五回も延期になり、未《いま》だに本格的に稼働できていません。核燃料の再処理も、フランスに頼っているのが現状です。さらに日立製作所、東芝、三菱電機という日本を代表する電機メーカー三社合弁で一九八四（昭和五九）年一二月にスタートした遠心分離器によるウラン濃縮工場も失敗続きで、三社合弁もいつの間にかなくなっています。ウラン濃縮や三社合弁は日経時代に深く取材した経験があり、日本の製造技術で不可能なはずはないのにどうしたのかと、気になっていました。

記事は、核開発には二〇〇〇億～三〇〇〇億円かかるという政府の内部文書をまず一面トップで報じ、翌日から一面で六ヶ所村のルポをもとに、「核の空白」と題して三回連載しました。

六ヶ所村を取材してみて感じたのは、日本の核開発は政治的に遅らせているということでした。米国は、日本の核武装を警戒しています。そのためには、日本の技術が核爆弾をつくれるレベルにならないようにしなければならないわけです。

六ヶ所村の原子燃料サイクル施設には、国際原子力機関（ＩＡＥＡ）の査察官が常駐しています。ＩＡＥＡは国際連合の保護下にある自治機関ですが、米国の影響が強い。原子力の平和的利用の促進、原子力の軍事利用（核兵器開発）の防止を目的としており、要するに核保有国を増やさないための機関です。この査察官が常駐して見張っているのは、日本の核武装を阻止するためにほかなりません。

核技術開発には、国際政治が大きく関わります。再処理工場が稼働すれば、核兵器の原料であるプルトニウムが、ウラン濃縮の遠心分離器が稼働すればやはり核弾頭用の高濃縮ウランが量産されます。そうなると、核保有国の基礎が出来上がるわけですから、中国、ロシアは言うに及ばず、米国の日本に対する見方が大きく変わります。

その情勢激変に耐えられるだけの政治的な覚悟と外交戦略が欠けているから、いずれの工場も完成させられない、ただし、技術だけは確保していこうというのが真相なのです。

属国扱いされる日本

二〇〇七（平成一九）年に産経で「やばいぞ日本」という一面長期連載企画が組まれました。複数の記者が書いていくもので、そのメンバーに私も加わりました。

そのために、久方ぶりにワシントンに飛びました。テーマのひとつは「F－2戦闘機」でした。日本の航空自衛隊の戦闘機「F－1」の後継機で、米国の「F－16」に大幅な改良を加えた日米共同開発が売り物です。一九九五（平成七）年に初飛行し、二〇〇〇（平成一二）年から部隊配備されています。

共和党の知日派のリーダー格で、旧知の元米国務副長官のリチャード・アーミテージらがすぐに会ってくれました。日本側は国産技術開発を悲願にしていると水を向けると、「日本で国産する必要はない。米国産を買えばいいんだ。そのほうがコストは安く済むし、早く配備できるのに」とアーミテージは言います。それが、米国側の本音です。しかし、実際に丸ごと買っても、システム技術は一切、ブラックボックスで日本側には伝えられません。価格も言い値通りで買わされる羽目になります。

F－2の本開発が始まる前の次期主力戦闘機導入計画の段階では国産機としての開発が目指

されていましたが、途中でブッシュ（父）政権の横槍で米国との共同開発となり、F‐16をベースにすることになりました。

マサチューセッツ工科大学（MIT）にリチャード・サミュエルズという政治学の教授がいます。日本をライバル視していたクリントン政権時代の初期、ボストンの彼の研究室を訪ねたとき、日本を貿易戦争の仮想敵国にして戦うシミュレーションをやっているのを見つけて、「日本を敵対視するのか」と論争したことがあります。

その彼が書いたF‐2開発がらみのレポートを米国で入手しました。彼から渡されたものではなく、ほかのルートからです。

それは、サミュエルズがF‐2の開発現場である名古屋の三菱重工の工場を調べたもので、タイトルは「飛べない翼」です。そこで彼が強調していたのが、「日本側は技術を隠している」ということでした。日本の技術者は就業時間の夕方六時までは真面目に仕事せず、米国側の技術者が帰宅する六時を過ぎると、目の色を変えて仕事している、というわけです。日本を米ハイテクや軍事産業のライバルと見なして疑うのです。日本の台頭を許さず、お得意さんにしたままにする米国の総意が滲《にじ》み出ています。

日本側は技術を隠していると責めながら、米国側は日本からの技術をしっかりと持ち帰っています。まず軽量で強靱《きょうじん》な炭素繊維。それから、レーダーやセンサーなどから探知されにくいステルス性には、塗料が大きな役割を果たしていますが、そのステルス塗料は日本の技術です。

F－2開発を通して、これらの技術を自分たちのものにしています。

戦闘機の中枢システムは、「ブラックボックス」と称し、日本側は開けられません。

ただ、米国の言い分にも理解できるところがあって、とくに戦闘機のソフト部分は、それまで米軍が実戦経験のなかから導き出してきたノウハウが詰め込まれているわけですから、簡単にオープンするわけにはいかないのです。その情報が本当の敵対国に漏れてしまえば、米国は危機にさらされることになるとの言い分があるのですが、だからと言って、鵜呑《うの》みにすれば、巨額の開発費を使っても、機体を電子制御する技術は身に付きません。

共同開発と言いながら、米国の日本に対する態度は、同盟国というよりも、属国に対するそれ、そのものというのが現実です。F－2開発の経緯を米国で取材してみて、あらためて実感させられましたが、悔しければ主権国家として自力で開発するしかありません。

二〇〇〇年の初めくらいでしたが、スイスでのある国際会議にパネラーとして出席したあと、イスラエルに立ち寄ってハイテク産業を取材して回ったことがあります。イスラエルはもちろん、米国が支援する同盟国ですが、軍事・ハイテクは米国一辺倒を避けています。

一九九〇（平成二）年の第一次湾岸戦争時、サダム・フセインのイラクからミサイル攻撃を受けたときに、米国から迎撃用のパトリオット・ミサイルを供与されましたが、命中精度が悪く、使い物になりません。そこで、急遽《きゅうきょ》、自前の迎撃ミサイルを開発、配備すると効率良く撃ち落とせたと、軍事関係者が言っていました。国産技術は安全保障そのものなのです。

リーマン・ショックでの日銀無策

米国の住宅市場が悪化したことで、低所得者向けの住宅ローン「サブプライムローン」の不良債権化が急激に進み、その影響で米国の有力投資銀行だったリーマン・ブラザーズは、二〇〇八（平成二〇）年九月一五日に経営破綻にまで追い込まれました。これがきっかけで「一〇〇年に一度の大津波」とグリーンスパン米連邦準備制度理事会（ＦＲＢ）元議長が表現した金融危機が発生し、世界大恐慌の再来を思わせました。いわゆる、「リーマン・ショック」です。

このとき、米国は当然ながら金利引き下げに動きます。ヨーロッパも協調して引き下げを行いました。

ところが日本だけは、日本の金融市場は欧米と比べて相対的に安定した状態にあるとして、日銀は利下げに動きませんでした。実際は株式市場では下落が続き、製造業では販売不振から非正規雇用者を解雇する「派遣切り」が社会問題化していきました。

しかしながら、その日銀の対応について、どこの新聞も批判的な記事を一切書かないのです。産経だけが朝刊一面で〈日銀はどこに行った〉という見出しの記事を載せました。書いたのは私です。日経にいたままだったら、絶対に掲載されなかったと思います。

住田社長の示唆があったからです。日銀が動かないことがおかしいという私の見方を住田社長に伝えたら、即座に「記事にしよう」と応じたのです。

「米国の〝キャッシュ・ディスペンサー〟にはならない」とブッシュ大統領に伝えた中川昭一財相

別の意味で感服させられたのは、リーマン・ショック時の財務相だった中川昭一《なかがわしょういち》さんです。リーマン・ショックの直後、二〇〇八（平成二〇）年九月二四日に成立したのが麻生太郎《あそうたろう》内閣です。自民党内の一部と連立与党である公明党からの福田康夫《ふくだやすお》首相への退陣要求、いわゆる「福田おろし」で、九月一日の緊急記者会見で福田首相は辞職を表明します。そして誕生したのが麻生内閣でした。

その麻生内閣で財務相に就任したのが、中川さんです。私は、中川さんが自民党政調会長時代に二、三度意見交換したことがありました。その彼が、財相に就任する直前にリーマン・ショックが起きたわけです。

同年一〇月一〇日と一一日にワシントンで、G20の財務大臣・中央銀行総裁会議が開かれました。そこから中川財相が帰国して数日後、米国防総省（ペンタゴン）元高官のG氏が東京にやってきて、中川財相と会いました。

そのときの通訳を、私が依頼されました。財務省には英語堪能な人は多いはずだし、G氏も日本語がある程度できます。私は必要ないはずなのですが、G氏と中川さんとの面談で以前も通訳をやったことがあったうえ、せっかくの依頼だったので引き受けました。

G氏と会談する大臣室に、中川財相は財務省国際局担当官を入れませんでした。G氏とふたりだけ、そこに私が加わったわけです。

以下、中川財相が明かしたストーリーです。

一〇月一一日昼、ホワイトハウスの大統領執務室前に広がる庭園「ローズガーデン」でG20財務大臣・中央銀行総裁会議メンバーを招いた歓迎レセプションがありました。

前日の一〇日には、各国の財相らが、ポールソン米財相、バーナンキFRB議長らに対して公的資金投入による金融危機対策を厳しく迫りました。これに対し、米国側は危機を乗り切るためには各国が協調し、すべての経済的・金融的手段をとるべきと、国際協調による解決を訴えたのです。なかでも、世界最大の債権国日本に対する米国側の期待は大きく、中川財相も経営危機に陥った米金融大手の救済に前向きでした。

翌日のローズガーデンでのレセプションはホスト役のブッシュ大統領の歓迎スピーチで始まり、まさに宴たけなわというときに、いきなり飛び込んできたニュースがあります。米国が北朝鮮に対する「テロ国家指定を解除する」という決定でした。中川財相は政治家として横田めぐみさんら北朝鮮による日本人拉致問題の解決に執念を燃やし、ブッシュ政権に対しては対北朝鮮強硬策の継続を求めてきたのです。まさに寝耳に水です。

中川財相は重大ニュースの報告を受けると、ただちにゲストたちと歓談しているブッシュ大統領にダッシュします。大統領には前日にも会っており面識はあり、大統領も中川財相に振り向きます。「大統領、北朝鮮に対するテロ指定解除とはどうしてですか。日本人などの拉致問題をどうするつもりですか」と迫る中川財相に、大統領は大慌てです。「あそこにいるコンディ（コンディーサ・ライス国務長官）に聞いてくれ」と逃げ出したそうです。

中川財相はG氏に向かって、ホワイトハウスへの伝言を託しました。「『日本はいくら世界のためだ、黙ってカネを出せと米国から言われても、〝キャッシュ・ディスペンサー（現金自動支払機）〟になるつもりはない』とブッシュ大統領に伝えてくれ」と。

内容がきわめてセンシティブであることは、長年日米摩擦を取材してきた私にはよくわかります。

一九九七（平成九）年には当時の橋本龍太郎《はしもとりゅうたろう》首相がニューヨークでの講演で「私は何度か米国債を売りたい誘惑に駆られたことがある」と発言し、ニューヨーク市場を震撼させ、ホワイトハウスや米議会の有力者を激怒させました。この発言がもとで、米国の不信を買った橋本氏が政治生命を失ったとは、二〇〇八年当時でも流れていた永田町の伝説です。

この伝言をそのまま通訳してよいかどうか、私は一瞬迷い、中川財相の目を見て「そのままでいいですか」といった無言の問いかけをしました。すると中川財相は口頭で「そっくり漏らさず訳してくれ」と言います。ただちに丁寧な英語でゆっくりと正確に訳しました。G氏はさすがに驚いたようですが、神妙な面持ちで聞きます。すると、中川財相は「Gさん、きっとだよ。きちんとそのまま大統領の耳に伝えてくれ」と念を押しました。このくだりは私が通訳するまでもなく、G氏は日本語で「大丈夫です。必ず伝えます」と返事しました。

G氏は共和党系で日米安全保障関係の橋渡し役として日米を頻繁に往復し、メッセンジャーの役割を果たしています。とはいえ、国防総省日本部長のポストからはかなり前に退いています。中川財相はG氏がブッシュ大統領に直接アクセスできるかどうか、一抹の不安を感じていたのでしょう。しかしG氏はきっぱりと約束したのです。私自身、G氏との個人的な交流は一九八四（昭和五九）年のワシントン特派員時代以来で、その誠実な人間性をよく知っています。「これは間違いなく、ブッシュに伝わるな。リアクションはどうなるか。日本の保守政治家の考えを米国の首脳が受け止めることはいいことかもしれない」と頭のなかで反芻《はんすう》したものです。

キャッシュ・ディスペンサーから抜け出られない日本

ここで、日本のデフレを国際金融の次元で捉《とら》え直してみましょう。

デフレは日本国内での資金需要を低調にさせるため、カネあまりを生みます。そのカネが世界最大の対外借金国、米国に流れ込み、米国の金融市場を安定させます。その意味で、日本は自覚しないままに〝キャッシュ・ディスペンサー〟の役割を演じてきたのです。

ありあまるカネの基本的な担い手は家計です。家計金融資産の多くは銀行など金融機関に預け入れられます。金融機関は集めた資金の多くを日本国債や外国証券に投資して運用します。財務省は外国為替資金特別会計を通じて金融機関から円資金を調達して米国債を購入、運用するのです。

日本は一九九七（平成九）年度以来の「慢性デフレ」の間に家計は消費を抑えてひたすら金融資産を増やしつづけてきました。一九九六（平成八）年度に比べて二〇〇八（平成二〇）年度は名目国内総生産（GDP）が約二二・五兆円減りましたが、家計の金融資産は二四〇兆円増えました。そして、日本の対外金融資産は二四三兆円も増えているのです。

家計が消費を減らしてカネを貯めても、そのカネは国内で使われずに国際金融市場を潤します。日本から出る資金は家計貯蓄という本物のマネーであり、日本人の才覚や勤勉な労働の産物なのに、米国の金融資本を儲《もう》けさせるという構図なのです。

そして、政府は外為特別会計で民間資金を吸い上げて、米金融市場が不安定になれば米国債を購入して落ち着かせる。まさに中川さんの言うようにキャッシュ・ディスペンサーなのです。

日米ではいつの間にか、軍事は日本が米国の核の傘に守られ、金融面ではデフレ日本がカネをあまらせて米金融市場、言い換えるとドルの安定に貢献するという構造が根付いてしまっています。

そのカギを握るのが日本の財務省で、緊縮財政でデフレを維持し、国際金融で対米協力をしてきました。ところが、こともあろうにも、その財務省のトップの中川さんが「キャッシュ・ディスペンサーにはならない」とホワイトハウスに向かって言い出すのですから、まるでちゃぶ台返しです。

前述した通り、その発言の場に財務官僚はひとりも居合わせていなかったのですが、ワシントンのほうから中川大臣発言を知らされた可能性は充分あると推測できます。金融面で対米関係を担ってきたと自負する財務官僚にとって、「米国債を売りたい」とした橋本発言以上に衝撃的な出来事だったはずです。

運命のローマ「酩酊会見」

以来、中川さんは失脚への道を辿《たど》る羽目になりました。四ヶ月後の二〇〇九（平成二一）年二月一四日にイタリア・ローマで開かれたG７の財務大臣・中央銀行総裁会議に出席した中川財相は同会合終了後、白川方明《しらかわまさあき》日銀総裁と篠原尚之《しのはらなおゆき》財務官との共同記者会見に臨みました。ところが、中川財務相は呂律《ろれつ》が回っておらず、あくびをし、表情は目が虚ろでした。日本ではテレビ中継でそのまま放映され、騒然となりました。メディアは一斉に中川財務相の酩酊《めいてい》会見だと批判しました。実際には会見前のG７昼食会では出されたワインには軽く口を付けた程度だったと、中川さんはあとで釈明しています。

会見の様子をテレビで見た私は即座に、中川さんが自民党政調会長時代、Ｇ氏と約束済みの午前中の面会に来られなかった場面に遭遇したことを思い出しました。睡眠薬や風邪薬をアルコールと同時に服用して朝起きられなかったのです。「そんな失敗を自覚している中川さんは気をつけたはずなのに、どうして」と疑問が湧きました。

完全に意識が朦朧《もうろう》、思考停止とは、あまりにも異様です。「誰かが仕掛けたのではないか」とも考えます。

それればかりか、記者会見後訪問したバチカン美術館では彫像・ラオコーン像の台座に座るなどの不適切な行動をとっていたと、一部メディアから非難されました。しかし、バチカンでは展示品には手を触れることはなく、酒の匂いもなく、熱心に係員の説明を聞いていたとの中川さんの通訳の証言もあります。誰かが中川さんのバチカンでの行状について、日本のメディアに針小棒大な話を吹き込んだ可能性もあるのです。

帰国した中川財相はメディアや与野党の非難の嵐に遭遇し、二月一七日に辞任します。そして二〇〇九年八月の衆院選で落選、同年一〇月四日、中川さんは自宅で亡くなっているのが発見されました。

中川財相の最後の仕事はリーマン・ショック後の新興国や発展途上国への金融支援でした。二〇〇八（平成二〇）年一〇月のワシントン会合では国際通貨基金（ＩＭＦ）に新興・中小国向けの新たな緊急融資制度を設けることを提案しました。さらに二〇〇九年二月のローマ会合では外貨準備から一〇〇〇億円をとりだし、それを基に新興国や途上国支援のためＩＭＦに一〇〇〇億ドルを拠出しました。「キャッシュ・ディスペンサーにはならない」、つまり米国向けの資金提供はしなかったのです。

民主党・鳩山首相に呼ばれる

二〇〇九（平成二一）年八月三〇日投開票の第四五回衆議院議員選挙で、民主党が単独政党として史上最多の三〇八議席を獲得し、九月一六日に鳩山由紀夫《はとやまゆきお》内閣が誕生しました。

そして翌年早々の一月五日、私は経済学者の宍戸駿太郎《ししどしゅんたろう》筑波大学名誉教授ら、民間有志によるシンクタンク「国家ビジョン研究会」（代表中西真彦《なかにしまさひこ》元東京商工会議所副会頭）主要メンバー五、六人とともに首相官邸に呼ばれました。

中西氏は鳩山首相と個人的親交があり、同研究会がまとめた「国家再生プラン」を首相に提言するためです。プランの最大の目玉は財政金融政策で、宍戸先生が財政政策、私が金融政策について分担して書き上げました。要は、財政と金融の両輪を連動させてフル稼働し、脱デフレの実現を目指すことです。のちの第二次安倍晋三《あべしんぞう》政権の「アベノミクス」の先駆けだったのです。

研究会はあくまでも中西氏が呼びかけた有志の集まりで、党派性は一切ありません。費用は各自の負担です。鳩山首相を含め特定の個人、団体や企業などからの資金支援は一切ありません。とにかく、従来の財政金融政策を変えないかぎり、日本の将来はないとの危機感がありました。

当時の日本経済は長いデフレ期から抜け出せないままに、低迷を続けていました。日本経済がデフレ状態になってしまったのは、バブル経済崩壊不況から立ち直りつつあった一九九七（平成九）年に当時の橋本龍太郎政権が消費税率を引き上げるなど苛烈な緊縮財政を実行したためでした。そのため、「橋本デフレ」とも呼ばれました。以来、日本経済は慢性的なデフレ状態のなかにあったのです。

自民党が大差で敗れて民主党に政権を奪われたことについては、こうした経済の低迷で国民が自民党に愛想を尽かしたことが大きな要因になっていたはずです。日本国民の多くがたしかに、民主党政権に経済復興を期待していました。

政権交代を成功させた民主党も、経済状況を改善できなければ、たちまち野党に逆戻りすることは自覚していたと思われます。鳩山首相が私たちを呼んだのも、経済復活のためのアドバイスを求めてのことでした。

私は宍戸先生とともに、金融の量的緩和と積極財政を組み合わせていくことを鳩山首相に提案しました。

宍戸先生は日本を代表するケインズ経済学者で米国のノーベル経済学賞受賞学者L・クライン教授と組んで計量経済モデルを開発し、国債発行による財政支出拡大の経済効果を算出していました。

私のほうは、日銀による大規模な量的緩和政策案をまとめました。日銀が政府に呼応して国債を大量に買い上げて長期金利を引き下げると、国内需要が拡大に向かいます。企業の設備投資や住宅投資が活発になるからです。

鳩山氏は財務省を動かすことが前提となる積極財政には興味を示しませんでした。

民主党政権は財務官僚に背後でコントロールされていたのです。「コンクリートから人へ」というスローガンのもとに、八ッ場《やんば》ダム建設工事中止など公共事業を削減すると同時に、蓮舫《れんほう》行政刷新担当大臣が「事業仕分け」の名のもとに「二位ではダメですか」と騒ぎ、科学技術や教育予算をカットすることに血道を挙げていました。

蓮舫氏らはもちろんただの政治的パフォーマンスを意識し、予算の詳細など知りませんから、事業仕分けの細目の詰めは財務官僚頼みです。そんな具合ですから、鳩山首相は聞く耳をもたなかったのです。

量的緩和を拒否した白川日銀総裁

ただし金融の量的緩和について、鳩山首相はその大きな目をぐるぐる回すようなしぐさで、「わかりました」という返事でした。鳩山首相は私たちの目の前で、官邸会合に同席していた平野博文《ひらのひろふみ》官房長官に日銀の白川方明総裁にコンタクトするよう指示しました。

二〇〇八（平成二〇）年四月九日に第三〇代日銀総裁に就任した白川氏には、金融政策で物価を押し上げることはできない、との持論がありました。日本経済を低迷させているデフレを金融の量的緩和では解消できないというわけです。だから、量的緩和には否定的でしたが、私たちは鳩山首相の政治主導に一縷《いちる》の望みを抱いていました。

中西氏、宍戸先生と私はさらに二月二〇日に菅直人《かんなおと》財相、二三日に白川日銀総裁を訪ね、鳩山首相に提出した財政金融政策案を説明しました。しかし、菅財相は予想通り、「財政支出拡大は無理です」の一点張りでした。

白川総裁は静かに聞いていました。別れ際に私は白川総裁に立ち話で、デフレ不況の際は中央銀行が大量のカネを刷ってヘリコプターでばらまくべきだとする米連邦準備制度理事会（FRB）のバーナンキ議長について、どう思うかと聞きました。

バーナンキ議長はプリンストン大学教授時代の二〇〇〇（平成一二）年当時、「日銀は機能不全だ」とこっぴどく日銀政策をやっつけたことがあります。白川さんは「バーナンキさんには以前に米国で会ったことはあるが、率直に言って愉快な印象ではなかった」と、眉間にしわを寄せました。

白川総裁の実際の反応を鳩山氏から聞いたのは、官邸で会ってから一年後くらいでした。あるパーティで鳩山氏を見かけたので、「あのとき、金融の量的緩和について白川総裁に働きかけるという話でしたが、実際にはどうなったのですか?」と訊いてみたのです。

そうしたら、「平野官房長官が白川総裁にコンタクトして量的緩和を打診したのだけれど、拒否されました」と、あっさりとした返事です。

鳩山氏は財政面でも金融面でも脱デフレに本腰を入れる気はなかったのです。民主党政権は財務省と日銀に引きずられつづけました。鳩山政権後の菅直人政権、野田佳彦《のだよしひこ》政権は財務省が仕掛けた大型消費税増税案にどっぷり浸かってしまいます。

二〇一一（平成二三）年三月一一日には一万八四二五人もの死者・行方不明者が発生する東日本大震災が起き、巨額の復興資金が必要とされる状況となります。それでも、白川総裁は金融緩和拒否の姿勢を変えようとしませんでした。その結果、超円高を招いてしまい、日本経済はさらに悪化していきます。そんな具合でデフレ不況はより深刻になり、民主党が長期政権を維持することはありませんでした。

このように、私たちの提言は量的緩和を中心とする異次元金融緩和と機動的財政出動を柱とするアベノミクスまでは宙に浮いたままだったのです。

東日本大震災の二次災害を引き起こした民主党政権と御用学者たち

鳩山政権から菅直人政権、野田佳彦政権と民主党の時代は続きましたが、悪化していく日本経済をどうすることもできず、政府、日銀ともただ手をこまねいているだけの状態でした。

先述したように、東日本大震災のような状況になってさえ、白川総裁は大々的な金融の量的緩和政策に踏み出そうとはしませんでした。日銀がとる政策は、大震災被害を受けた地方の金融機関の信用を維持するために最低限の資金を供給するといったところです。

海外の投機筋は、震災後の資金を確保するために日本の金融機関や企業が大量にドルを売って円資金を確保するはずだから円高になると踏んで、円買い投機に走ります。結果は一ドル七〇円台の超円高です。

しかも、菅政権は財務省に誘導されるまま、復興増税にのめり込みます。財務省が増税の舞台としたのは東日本大震災復興構想会議で、二〇一一（平成二三）年四月一四日の第一回会合では、会議後、復興財源は増税で行うことで一致したと、財務官僚が記者説明しました。あとで、復興会議メンバーに訊くと、実際には増税論議はほとんどなかったにもかかわらずです。

復興会議はそのまま増税へと突き進みます。その復興会議メンバーの顔ぶれと言えば、議長の五百籏頭《いおきべ》眞《まこと》防衛大学校長、副議長の建築家安藤忠雄《あんどうただお》氏ら、経済問題はド素人が大半です。五百籏頭氏らは財務官僚に誘導されるままに増税に賛同したのです。

では経済学者やメディアはどうかというと、一貫して増税キャンペーンです。典型的なのが伊藤隆敏《いとうたかとし》、伊藤元重《いとうもとしげ》の両東京大学教授です。日経の二〇一一年五月二三日付朝刊の「経済教室」で、両伊藤連名で「復興費用は全国民が薄く広い負担をすべき」「将来世代にツケ回すな」と提言したのです。

さらに両教授は国内のめぼしい経済学者全員に向かって「復興増税に賛同を」と呼びかけました。賛同者は二〇一一年六月一五日現在で一一三人にも及びました。なかには、財政や金融が専門外の学者も名を連ねていました。

元財務官僚で財務省の内実を知り尽くしている高橋洋一《たかはしよういち》嘉悦《かえつ》大学教授によれば、この多くが財務省に阿《おもね》る御用学者です。署名に応じなかったマクロ経済学者も私の知るかぎり数人はいます。その全員が、経済が困難な時期に増税すべきではないとの当たり前の見識をもっていました。

私は反増税の主張を産経などの媒体で展開しました。日経、朝日、読売、毎日など主要全国紙の論説委員たちはこぞって増税容認です。私は「デフレ下の増税は日本をさらに痛めつける」と確信しています。これはデータとジャーナリストとして経済の現場から得た経験に基づいています。

その私の記事を高く評価してくれたのが浜田宏一《はまだこういち》イェール大学名誉教授です。浜田先生は「怪我をした子供に荷物を負わせてはならない」ときっぱりと言います。以来、浜田先生とはことあるたびに意見を交換するようになりました。

復興増税は両伊藤教授の言った通り「薄く広い負担」のように見えますが、「経済活動は限界値が大きく作用する」という経済学の常識を無視しています。

「限界」とは例えば風船がいっぱいに膨らんだ場合、ほんの小さな衝撃でも破裂することをイメージすればよいのです。

デフレは需要不足によるものです。企業はデフレのために収益をギリギリで確保している、あるいは収益が減りつづけている場合、さほど多くはない税負担を追加されると、新規設備投資や雇用にますます後ろ向きになり、賃上げどころではありません。

実質賃金が下がりつづけている家計は年間数千円から一、二万円程度の増税でもその負担感は数倍以上になります。その結果、需要は大きく萎縮し、デフレ不況がひどくなります。

浜田先生の言うように、怪我をした子供の怪我は軽症であっても、荷物は余計に重くなるのです。

もうひとつ、デフレ下の増税は円高を進行させます。デフレとはモノに対してカネ、つまり円の価値が上がると市場では受け止められるからです。

円高では日本企業は国際競争力を失い、収益を大幅に減らします。こうして東日本大震災後の復興増税は〝二次災害〟を引き起こしたのです。

財務官僚の消費税増税裏工作

こうした増税による災厄は、消費税増税でより鮮明に表われます。一九九七（平成九）年度には消費税率が三パーセントから五パーセントに上がっただけで、日本経済はデフレ不況に陥り、以来慢性デフレから抜け出せません。

ところが、復興増税に賛同した学者先生の大半はさらなる消費税増税を先導しています。なかでも吉川洋《よしかわひろし》東大教授は東日本大震災から間もない二〇一一（平成二三）年五月三〇日に、「内閣府の社会保障・税一体改革の論点に関する研究報告書」をまとめ、その後の大型消費税増税の道を付けています。

報告書では、一九九七年度の消費税増税がデフレ不況の引き金になったことを否定し、消費税率を引き上げても景気への影響は軽微と結論づけています。吉川氏らは一九九七年に起きたアジア通貨危機や山一證券の経営破綻などが不況の元凶だと決めつけていますが、激しい通貨危機と金融機関が大きな信用不安に見舞われた韓国や東南アジアのどこも日本のようなデフレ不況にはなっていないことを無視しています。

デフレ下の増税というとんでもない経済学上の非常識に染まっている日本の経済学界の恐るべき現実が露見したのが、先述した経済学者一一三人による復興増税賛同の〝奉加帳《ほうがちょう》〟だったわけです。厄介なことに、こうした面々が財務省の消費税増税や緊縮財政路線を擁護しているのです。

二〇一二（平成二四）年に入ると、財務省による二段階の消費税率引き上げ案が煮詰まっていきます。まずは二〇一四（平成二六）年四月から三パーセント幅、一年半後には二パーセント幅になります。いずれも大増税です。さすがに省内では「付加価値税の本場欧州でも三パーセントもの税率引き上げは前例がないし、景気への衝撃が大きすぎるのではないか」との声が上がりました。すると、勝栄二郎《かつえいじろう》事務次官が言います。「いまは民主党政権だから千載一遇《せんざいいちぐう》のチャンスだ。それを逃すわけにはいかない」と。

故安倍晋三《あべしんぞう》首相は二〇二三（令和五）年二月出版の『安倍晋三回顧録』（中央公論新社刊）で〈財務省は税収の増減を気にしているだけで、実体経済を考えていない。〉と述懐していますが、消費税増税はまさにその通りのことが背景になったのです。

たしかに二〇一〇（平成二二）年六月から二〇一一年九月まで、民主党の菅首相、それを継いだ野田首相も財務官僚のシナリオ通りに動きます。「私の在任中は消費税増税をしない」と宣言した自民党の小泉純一郎《こいずみじゅんいちろう》政権とは大違いです。自民党にも財務官僚に従順な議員が多いのですが、それでも大物議員になると財務官僚の言いなりになるとまずいことになることを、橋本龍太郎政権の消費税増税失敗などから学んでいます。

菅氏は「日本はギリシャみたいに財政破綻する」と騒ぎ、財務相に就任するや「私は財務省にどっぷり浸かる」と吐露した野田氏は首相になると「消費税増税すれば景気が良くなる」と言い放って平気だったのです。

　こうした政治家の無知につけ込む財務官僚は、「これぞ」と目星を付けた議員には日ごろからコンタクトして洗脳に努めています。財政、経済に疎い民主党幹部は易々と籠絡できたのです。

論争を避ける財務官僚たち

　財務省のほうは消費税増税に向け、先述した吉川報告以降、メディア対策に力を入れます。財務省の幹部が主要全国紙の編集局幹部を行脚《あんぎゃ》し、「ご説明に上がりました」とくるわけです。

　二〇一二（平成二四）年の春ごろだったと思いますが、産経にも財務省の主計局と主税局の幹部ら三人がやってきました。産経の秘書室から私に連絡があり、同席してくれとのことです。私は、すぐに駆けつけ、一九九七（平成九）年度の消費税増税後、日本経済が慢性デフレになり、しかも政府税収は増税後減りつづけていることを示すグラフを彼らに見せました。

　消費税増税は財政健全化どころか、財政収支を悪化させているのです。しかも経済はゼロパーセント以下の長期停滞に陥っています。なのに、なぜ増税するのだと問い詰めます。すると不可解なことに財務省の予算や税のプロたちはひたすら沈黙します。

　私は外で別の取材の約束があったので、三〇分しかいられませんでしたが、彼らは私の前では何ひとつ反論しませんでした。

ワシントン特派員時代は通商、通貨、金融、財政について当局者に対し、疑問をぶつけると必ず答えがあったものですが、日本ではそうならないのです。私は内心で「こんな人たちが日本のパワーエリートなのか」と暗然たる思いで会議室をあとにしたものです。

その後も、財務官僚と産経社内で会合をもったことがあります。二〇一九（令和元）年一〇月の消費税率二パーセント引き上げ実施の半年前くらいです。このときは岡本薫明《おかもとしげあき》事務次官が単身で産経に乗り込んできました。そして産経役員フロアの大会議室で会長、社長、編集局及び論説の幹部が居並ぶ前で、消費税増税について講演し、質疑応答するというのです。とくに岡本さんは全国紙のなかで唯一反増税の論陣を張る私を名指しにして、みんなの前で議論したいとのメッセージを編集幹部経由で寄越していました。

そのとき私は「敵ながら、あっぱれ」と財務官僚トップに感じ入り、「さあ勝負だ」と意気込みつつ、会議場に入りました。

議事進行役の編集局長に指名されると、持論の増税反対論を展開しました。一九九七年度、二〇一四（平成二六）年度の消費税増税とも、日本経済に強いデフレ圧力を加える結果になったと、データをもとに説明しました。そして、デフレ圧力が去らないなかでの消費税増税は避けるべきだと主張したわけです。

さぞかし、岡本さんは反撃に努めるだろうと思ったわけですが、彼は一切直接反論しません。経済に及ぼす影響には触れない代わり、消費税増税すれば社会保障財源が確保できると繰り返した末に、「皆さんどうか消費税増税を受け入れてください」と頭を下げるのです。

私のほうは「消費税増税してデフレ圧力が高まると、経済活動が萎縮し、消費税収は増税効果で増えても、法人税や所得税収は減るので、財政健全化にはつながらないのではないか」「消費税増税は子育て世代への負担を大きくする」などと批判を重ねるのですが、岡本さんは同じ要請を繰り返すのです。

岡本さんは増税による財源確保、対する私は実体経済への打撃を中心に説明するのですが、論議は嚙《か》み合わないままでした。

財務官僚の最高のポストは事務次官ですが、その歴代次官のなかでも、増税を時の政権に実施させた者は、財務省ＯＢの間から最功労者として評価されます。岡本さんがそれを意識していたかどうかはわかりませんが、増税にかける執念には空恐ろしさを覚えました。

財務省のエリートたちは公の場では論争を避け、裏で政治家やメディアを懐柔するのです。

津川雅彦さんから安倍晋三さんを紹介された

話を二〇一一（平成二三）年に戻します。一一月に、拓殖大学で開かれたシンポジウムの講師のひとりとして私は招かれました。そのとき、同じ壇上に並んだのが、自民党の安倍晋三さんでした。

二〇〇六（平成一八）年九月二六日に、戦後最年少となる五二歳で、しかも戦後生まれとしては初めての首相となった安倍さんは、二〇〇七（平成一九）年九月一二日に体調不良もあって突然の退陣表明を行います。その直後に入院した安倍さんの健康状態は芳しくなく、政界引退の噂まであったほどでした。

しかし拓殖大学のシンポジウムに登場した安倍さんは、日銀の金融政策についてエコノミスト顔負けの批判を披露しました。デフレを脱却し日本経済が復活するためには、大胆な金融緩和が必要だと説いたのです。

私が提案したにもかかわらず鳩山政権が実現できなかったのと、同じ政策を力強く語ってみせたのです。かなり勉強していたんだな、と驚かざるを得ませんでした。

安倍さんとは二〇一〇（平成二二）年ごろに一度、俳優の津川雅彦《つがわまさひこ》さん主催の昼食会で同席したのですが、マクロ経済政策は話題になりませんでした。

津川さんとは、リーマン・ショック後の二〇〇九（平成二一）年ごろに「日本経済の再生について話を聞かせてくれ」と頼まれて以来、数ヶ月に一度、津川さん行きつけの銀座のイタリアン・レストランでの昼食に招かれていました。

彼の携帯電話にかけると、呼び出し音が「軍艦マーチ」で驚いたものです。彼は私たちと懇談するときは、俳優津川雅彦の口調そのもので、おどけたときは何か津川さん主演の映画を観るようでした。映画監督「マキノ雅彦」でもあり、映画製作への情熱には感嘆させられました。「東日本大震災の復興を題材に映画をつくるんだ」と、張り切っていましたが、果たせないまま二〇一八（平成三〇）年八月に亡くなられました。夫人の朝丘雪路《あさおかゆきじ》さんが他界されてから間もなくでした。

自民党は、二〇一二（平成二四）年一二月一六日の第四六回衆議院議員選挙で圧勝します。そのとき総裁として自民党を率いていたのが安倍さんで、一二月二六日には首相に就任します。政界引退さえ噂されていた安倍さんが、首相に返り咲いたのです。

信条に反してインフレ目標声明に署名した白川氏

安倍さんは、拓殖大学でのシンポジウムで披露した考えを実行に移していきます。その決意の表われと受け取れたのが、二〇一三（平成二五）年一月二二日発表の、「デフレ脱却と持続的な経済成長の実現のための政府・日本銀行の政策連携について（共同声明）」と日銀総裁人事でした。

共同声明では、〈物価安定の目標〉として消費者物価の前年比上昇率〈二％〉が目標として掲げられ、日銀がその責任を負うことになりました。二パーセントのインフレ率を目指して日銀が大規模な金融緩和政策に乗り出すという意味です。

ところが、前にも述べた通り、日銀の白川総裁は日銀政策では物価を押し上げることはできないとの考えです。それは日銀伝統のもので、「日銀理論」との別称があります。

金融政策が脱デフレのカギになると論じ、内閣官房参与として安倍首相をアベノミクスへと導いた浜田宏一イェール大学名誉教授は東京大学教授時代、白川さんを指導したことがあります。第二次安倍政権が発足するしばらく前に、白川総裁に会って説得しようとします。ところが、白川総裁は恩師に向かって。「あなたは最新の学説を知らないようです。ならば私が教えてあげます」と切り返す始末で、国際的にも評価が高い学者ながら温厚で謙虚な浜田先生もさすがにムッとしたと聞きました。

そんな「日銀理論」の権化のような白川総裁がこともあろうに信条とは相反するインフレ目標達成を引き受ける声明に署名したのです。

共同声明の三ヶ月弱後の四月八日には白川総裁の一期目の任期が切れることになっていました。日銀総裁は二期務めるのが理想とされており、白川さんも二期目を目指していたはずです。白川さんの周辺が官邸に再選工作をしているとの情報も耳にしていました。私は「白川さんは安倍首相から再任の約束を取り付けたいから持論をあえて自ら封じたんだな」と感じたものです。

黒田日銀総裁誕生の内幕

　ところが、二〇一三（平成二五）年二月五日、白川さんは突如、四月八日の任期満了を待たずに、三月一九日に辞任する意向を安倍首相に伝えたのです。じつは、二月初めの時点で安倍首相は腹心の本田悦朗《ほんだえつろう》内閣官房参与との相談のうえで、次期日銀総裁候補を黒田東彦《くろだはるひこ》アジア開発銀行総裁と岩田規久男《いわたきくお》学習院大学教授のふたりに絞っていたのです。

　白川さんはそれを察知して、自ら退く決心を固めたというのが真相でしょう。安倍首相や本田参与にとっては余計な手間が省けたことになります。

　辞任報告を受けて、安倍首相は本田さんに指示します。本田さんはまず岩田教授に電話します。「安倍首相は岩田さんを日銀総裁か副総裁かいずれかに起用したい考えですが、どうでしょうか」と問いかけると、岩田教授は「私は副総裁を望みます」との返事です。

　総裁は官邸や財務省、国会との意見調整の役割を担わなくてはなりません。それに、岩田さんは世界の主要中央銀行で構成する国際決済銀行（ＢＩＳ、本部はスイスのバーゼル）の中央銀行総裁会議での独特なカルチャーに接したことはありません。英語も話せるのですが、学者一筋の彼にとっては慣れない調整や会議が面倒だったようです。

　そこで本田さんは黒田東彦さんに連絡をとります。岩田さんが総裁の座を固辞している以上、黒田さんには総裁を引き受けてもらうしかありません。黒田さんが気にしていたのは、「日銀総裁は財務省事務方トップの次官経験者の指定ポストである」という財務省の不文律です。現実に、安倍首相の盟友、麻生太郎《あそうたろう》財相は財務官僚の意を受けて、安倍首相に武藤敏郎《むとうとしろう》元財務事務次官を総裁候補として推していたのです。

黒田さんは事務方ナンバー2に表向きは位置づけられている財務官上がりですが、財務官僚の世界では次官、国税庁長官に次ぐナンバー3との見方もあるほどです。国際担当の財務官は華やかに見えますが、やはり内政担当が優位だというわけです。

説得に当たった本田さんも財務省の国際畑が長いので、黒田さんのためらいはわからなくもありませんが、それどころではありません。アベノミクスの成否のカギを握る日銀総裁の適任者は黒田さんだという安倍首相の考えを伝えたのです。

安倍さんは政権の座に返り咲く前に唱えていた金融緩和重視について、黒田さんが賛意を表明していたことを高く評価していたばかりではありません。

二〇一二（平成二四）年一二月にアベノミクスを打ち出し、さらに翌年一月の政府・日銀共同声明後、外国為替市場では円が売られ、それまでの超円高が是正されていきます。すると、欧州中央銀行の幹部が「日銀は円安誘導をしている」と批判しはじめていました。「円安誘導」という評判が米国産業界にまで広がると、当時の米議会やオバマ政権から激しいクレームがつき、日米関係にも響きかねません。そのため安倍首相は「総裁には国際的な場で、英語で相手を説得できる人を」との条件を付けていました。その点、黒田さんは財務官さらにアジア開銀総裁として国際会議の経験が豊富なことから申し分ありません。

安倍首相がもうひとつ心配していたのは、黒田さんがアジア開銀総裁を退いた場合、次の総裁ポストを中国に奪われる可能性でした。本田さんが黒田さんに聞くと、「いや、ご心配には及びませんよ。次も日本からで承認されますよ」との返事でした。アジア開銀最大の出資国は日本です。中国のアジアでの影響力は増大するばかりですが、中国は当時、アジア開銀からの最大の借り入れ国だったのです。借金する者が貸し手の銀行のトップに座ることは利益相反《りえきそうはん》になります。

こうして安倍首相は白川さんの辞任表明以来、数日後には次期日銀正副総裁人事を内定していたのです。それをスクープしたのは産経で、二月一〇日午後一時三〇分の産経電子版で〈日銀総裁　黒田アジア開発銀総裁が有力　元財務官、国際金融に精通〉と報じました。各メディアは一斉に追いかけてきました。その後二月二八日、政府は、衆参の議院運営委員会理事会に、黒田さんを次期日銀総裁の候補者とする人事案を正式に提示しました。

じつは、安倍首相が日銀正副総裁人事案を固めたころ、岩田教授の退官パーティが東京・目白でありました。私は、岩田教授が総裁有力候補だと踏んで、「日銀総裁に指名されますよ」と探りを入れました。すると彼は、「いや、私は副総裁のほうがよい」と答えた。図星なら普通、「ノーコメント」などと逃げを打つのですが、岩田教授があまりにもあっけらかんに答えたので、そのときは本気になって突き詰めようとしませんでしたが、すでに本田参与とのやりとりを経て副総裁起用が内定していたのです。

当時、じつは安倍官邸のなかで日銀副総裁候補リストのなかに私の名前もあると、産経政治部記者から耳打ちされていたのですが、私はそれこそ冗談だろうと思っていました。しばらくあとになって、関係者に聞くと、「副総裁にはマスコミ出身者枠という前例があり、田村さんの名前が出ましたよ」とのことです。

たしかに時事通信記者時代に日銀を担当した作家の藤原作弥《ふじわらさくや》さんが、一九九八（平成一〇）年から二〇〇三（平成一五）年まで日銀副総裁としてスポークスマンを務めたことがあります。バブル崩壊後のデフレ不況真っ最中、藤原副総裁は日銀幹部としての責任を問われました。もしも私が藤原さんのポストにいれば、「日銀政策を批判できず、口を曲げてまで肯定する側に回らなければならなかった、不器用な俺にはとても無理だな」などとあらぬ想像をしたものです。

黒田さんは財務省出身だけに、均衡財政と消費税増税の省是には忠実な人物です。デフレ不況脱却のためには金融緩和と同時に財政拡張が必要だと考えていた私は、黒田さんでは財政拡張を財務省に働きかけることができないのではないだろうか、消費税増税に肩入れするかもしれないと心配になったものです。その懸念は的中してしまうことになります。

アベノミクスを殺した消費税増税

二〇一三（平成二五）年四月九日、黒田東彦さんが第三一代日本銀行総裁に就任します。就任記者会見で黒田総裁は、「量的に見ても、質的に見ても、これまでとはまったく次元の違う金融緩和を行う」と述べています。いわゆる、「異次元の金融緩和」です。

日銀の伝統的な金融市場操作目標は金利でしたが、異次元緩和では資金供給量（マネタリーベース）に変更されました。流通する資金量を増やすことで経済を活性化させようとしたわけです。

それも、二年間で二倍にもなるペースの大規模なもので、これを物価上昇率二パーセントの達成まで継続するというものでした。前総裁の白川さんの方針から大転換したわけで、明らかに安倍首相の意に沿うものでした。

そして六月一四日、安倍首相は「日本再興戦略」を発表します。大胆な金融政策、機動的な財政政策、民間投資を喚起する成長戦略の「三本の矢」を経済成長のための政策運営の柱に掲げたのです。いわゆるアベノミクスです。

第一の矢である大胆な金融政策は、超円高の是正をもたらします。そして、輸出競争力の回復に貢献しました。株価も上昇軌道に乗ります。

第二の矢である機動的財政出動は、初年度だけに終わってしまいましたが、第一の矢が主導するかたちで雇用情勢を上向かせます。それまでの日本の大問題は、賃金が上昇しないことでした。しかし、下落トレンドから脱して、賃金が上昇傾向を示すようになっていきます。

ただ、賃金上昇を上回る速度で物価が上昇してしまいました。物価上昇に賃金上昇が追いつかず、アベノミクスの成果は現れているにもかかわらず、それを国民が実感できない状態でした。

その原因は、消費税の増税です。

私は「デフレ下の消費税増税や緊縮財政はデフレ病を悪化させ、アベノミクスを不発に終わらせる恐れがある。金融緩和と財政出動の双方が必要」という趣旨で、全国紙ではただひとり、反増税、反緊縮財政のコラムを産経で書きつづけていました。日経、朝日、読売、毎日、さらに産経も論説は増税、緊縮財政やむなしの大合唱です。ただし産経は社説（「主張」）以外のスペースでは、編集局が私の原稿をそのまま掲載します。私のやり方は、客観的なデータをグラフにし、それを基に経済情勢を分析しており、政治的な意図から「反対だ」と言い張っているわけではありません。そのせいか、財務省内でも私を前向きに評価する幹部が何人かいるほどです。彼らが思い付かないようなポイントが私の記事に出てくるからだと聞きました。日経、朝日などの財務省への追随記事を読んでも時間の無駄だと、まともなエリート官僚は思うのでしょう。

メディア界でも増税に同調しているナベツネこと読売新聞のドン、渡邉恒《わたなべつね》雄《お》主筆から「キミの記事のファンだ」と言われ、何度か昼食をともにしました。渡邉さんは高齢のせいか車いすです。私が担当している産経「日曜経済講座」をいつも熟読していると言い、びっしりと蛍光ペンでなぞった記事コピーを見せてくれました。渡邉さんは私に自身の持論で「相続税免除付き国債発行」なる案を取り上げてほしいと、読売秘書室が調べた関連資料まで見せてくれました。読売が書くのがスジというものですが、私はそう言わず、「資産家優遇なので、賛成しかねます」と率直に申し上げました。それでも社の垣根を越え、ジャーナリストとして対等にモノを言わせてくれる渡邉さんには敬意を表します。

ともかく、これからの日本を背負っていかなければならない若い世代やその子供たちの将来を良くするためには、デフレからの脱却が欠かせないとの信念があります。

新聞コラムや雑誌の論文ばかりでなく、本の出版を通じても訴え、安倍首相にも贈りました。二〇一二（平成二四）年一月には『財務省「オオカミ少年」論』（産経新聞出版刊）、二〇一三年一月『反逆の日本経済学』（マガジンランド刊）、同年八月『アベノミクスを殺す消費増税』（飛鳥新社刊）、二〇一四（平成二六）年二月『消費増税の黒いシナリオ』（幻冬舎ルネッサンス新書）と、二〇一四年四月の消費税増税実施までに四冊を世に問いましたが、首相の意志を変えることはできませんでした。

安倍さんから直接、反応があったのは、首相を退陣したあとの二〇二一（令和三）年四月、国会議員会館会議室で開かれた安倍さんを代表とする若手議員の集まりの講師に呼ばれたときです。テレビカメラやマスコミが見守るなか、安倍さんが会議の冒頭で私を紹介する際、「田村記者には筆誅《ひっちゅう》を加えられました」と述べたのには正直、驚きました。安倍さん自身、増税さえしなければ、との内心忸怩《じくじ》たる思いがあったのでしょう。

二〇一四年四月、安倍首相は消費税を五パーセントから八パーセントに引き上げました。消費税の引き上げは消費者のフトコロを細らせ、消費意欲を鈍らせます。せっかく賃金も上がってきているのに消費税税率を上げたのでは、うまくいきかけているアベノミクスに冷水をかけるようなものです。

内閣府でこの増税を仕組んだ某エリート官僚は、「消費税を引き上げると物価が上がりますからねぇ」と私にうそぶいていたものです。手段はなんであれ、物価さえ上がれば脱デフレだという不見識でしかありません。そういうお粗末な官僚の認識が、日本を壊してきたと言えます。

安倍首相を裏切った黒田総裁

安倍首相は消費税増税には躊躇《ためら》っていました。冷水をかけることになってしまうことに気付いていたからだと思います。それでも増税に踏みきったのは、「三党合意」に縛られていたことが背景にあります。

民主党の野田佳彦内閣のときの二〇一二（平成二四）年六月に行われた、民主党と自民党、公明党の三党による「社会保障と税の一体化改革に関する合意」が三党合意です。

そのなかで、社会保障の安定財源を確保するためとして、消費税を五パーセントから八パーセントにすることが盛り込まれました。これを反古《ほご》にするには法改正が必要になるので、安倍首相としても従わざるを得なかったわけですが、安倍首相をして実施決断に踏み切らせたのは、黒田日銀総裁の〝脅し〟でした。

黒田総裁は「もし、予定通りの消費税増税に踏みきらない場合、日本国債暴落という『テールリスク』に見舞われる恐れがある。万が一そうなった場合、日銀としては打つ手がなくなる」という趣旨の諫言《かんげん》をしたのです。「テールリスク」とは隕石《いんせき》が地球に衝突するといった程度の確率を指します。それこそこの世はリスクだらけですから、早い話、外出することもままならなくなります。子供騙《だま》し説法なのですが、安倍首相は信頼の厚い黒田総裁の言に従ったのです。

黒田総裁への援護射撃もありました。東日本大震災復興財源に増税せよと一〇〇人以上の学者の賛同を集めた伊藤元重東大教授は、またもや日経「経済教室」（二〇一三〔平成二五〕年九月四日付）を使いました。消費税増税を先送りした場合、金利暴騰の「テールリスク」があるとし、「いざそのリスクが顕在化したら大変なことになる」と指摘したのです。黒田論法とそっくりです。タイミングも同時期で黒田総裁と口裏を合わせたとしか思えません。

これで安倍首相は渋々、消費税増税に踏みきります。「『ポリティカル・キャピタル』がなかった」と、あとで周辺に安倍さんは語っています。「ポリティカル・キャピタル」とは米国の政治用語で、反対勢力に対して自らの意見を押し通せるだけの政治的影響力という意味です。

増税の結果はデフレ圧力の再発と景気の落ち込みを呼びました。衝撃を受けた安倍首相は二〇一四（平成二六）年一一月に、二〇一五（平成二七）年一〇月に予定されていた二パーセント幅の消費税率追加引き上げを二〇一七（平成二九）年四月に延期すると表明しました。

黒田総裁は二〇一七年四月増税実施を確実にするため、二〇一六（平成二八）年一月に異例のマイナス金利政策を導入、さらに九月には長短金利操作に踏みきりました。しかし、米連邦準備制度理事会（ＦＲＢ）は失敗のリスクが高いと見て長短金利操作はしていません。黒田総裁は出身母体の財務省に忖度し、安倍首相への増税工作に異例中の異例の金融手法を導入したのです。この詳細は後述します。

安倍首相は外堀まで埋められた

二〇一七（平成二九）年四月への増税延期を容認した法律のなかの条項に、〈（経済情勢を踏まえて増税の可否を見極める）景気判断条項を付すことなく確実に実施する。〉とあります。謂《い》わば三党合意で外堀が埋められ、さらに内堀まで埋められたのです。安倍首相はそれでも、二〇一六（平成二八）年六月、「新興国経済の落ち込みなどで世界経済が危機に陥るリスクを回避するため、消費税増税を二〇一九（平成三一）年一〇月に再び延期する」と表明しました。

ただ安倍首相はこれ以上の延期は、もう無理だと観念し、景気が減速していたにもかかわらず、二〇一九（令和元）年一〇月に、消費税率を八パーセントから一〇パーセントに引き上げました。

景気が冷えているところに冷水を浴びせたわけですから、いっそう景気は冷え込むことになります。

二〇二一（令和三）年度の政府の消費税収（一般会計分）は、増税前の二〇一三（平成二五）年度に比べて、一一兆円も増えています。しかし家計消費は六・四兆円も減ってしまいました。それだけ、国内需要が減ったことになります。

そして二〇二〇（令和二）年八月二八日に、安倍さんは首相辞任の発表を行います。それでもアベノミクスを放棄したわけではなく、翌年一一月に発足した「自民党財政政策検討本部」や二〇二二（令和四）年二月発足の自民党若手議員による「責任ある積極財政を推進する議員連盟」の最高顧問として、党内世論を積極財政に誘導することに全力を傾けていきます。

そこに立ちはだかるのが、財務官僚出身議員も多く、財務省に洗脳されてきた自民党宏池会《こうちかい》でした。宏池会の通称は岸田派であり、二〇二一年一〇月に就任した岸田文雄《きしだふみお》首相の出身母体です。

岸田首相は就任以来、「二〇二五年度財政黒字化目標の変更の必要なし」と明言していましたが、二〇二二年五月末に発表した「経済財政運営と改革の基本方針（骨太の方針）」案で、「二〇二五年度プライマリーバランス黒字化達成」を外しました。これは、安倍さんを代表とする積極財政派からの攻勢を受けての結果です。

翌年度の予算の骨格を示すのが骨太の方針で、財務省主計局の橋頭堡《きょうとうほ》――敵地などの不利な地理的条件での戦闘を有利に運ぶための前進拠点――です。そこで「プライマリーバランス黒字化達成」の表現が削除されても、その目標が消滅したわけではありません。

そこには「トリック」があって、政府案には「骨太の方針二〇二一」を二〇二三（令和五）年度予算編成の基準にすると記されています。その骨太二〇二一は、二〇一八（平成三〇）年の骨太の方針を堅持しており、そこでは「二〇二五年のプライマリーバランスの黒字化」が明記されています。つまり、「二〇二五年のプライマリーバランスの黒字化」は生きていると解釈される可能性を残していました。

その財務省に、岸田政権が誘導されました。岸田首相がプライマリーバランス黒字化にこだわるあまり消極財政の方針をとるなら、そこに安倍さんが立ちはだかるはずでした。しかし安倍さんは、二〇二二（令和四）年七月八日、旧統一教会に恨みをもつ者によって遊説中に暗殺されてしまいました。財務省や岸田首相にしてみれば、大きな重しが外れたことになります。

急激な円安で異次元緩和政策に転機

二〇二二（令和四）年二月二四日、ロシアがウクライナへの軍事侵攻を開始します。ロシアとしては短期間に決着をつける計画だったようですが、ウクライナの予想以上に強い抵抗と西側諸国から大量の武器供与がされたことで、戦闘は長期化していきました。

このロシア・ウクライナ戦争を背景に、世界的に物価が上昇していきます。日本も例外ではなく、食品をはじめ値上げが続きました。

この物価高によるインフレーション――インフレ、価格指数の継続的上昇――に対処するため、米国は金利を引き上げていきます。

二〇二二年五月三日と四日に開催された米連邦公開市場委員会（ＦＯＭＣ）で、連邦準備制度理事会（ＦＲＢ）は〇・五パーセントという大幅な政策金利の引き上げと量的引き締め（保有資産の圧縮）との両方での金融引き締めを決定しました。さらに六月一五日には、〇・七五パーセントの引き上げを発表します。それでも終わらず、七月にも〇・七五パーセントの引き上げを行いました。

これに加えて欧州中央銀行（ＥＣＢ）も、六月九日の金融政策を議論する定例理事会で、それまでの量的緩和策を七月一日に終了することを決めます。そして七月二一日の会合で、〇・五パーセントの利上げに踏みきりました。二〇一一（平成二三）年以来、じつに一一年ぶりとなる利上げでした。

それでも動かなかったのが、日本です。異次元の金融緩和にこだわる日銀の黒田総裁は、低金利政策を継続します。その結果、日本と欧米、とくに米国との金利差が開き、円安を招くことになります。

低いところから高いところに流れるのが資金流通の原則であり、ゼロ金利の日本から金利が上がりつづける高い米国へと資金が流れたからです。

二〇二二年一月には一ドル＝一一四円台だった円ドル相場は、ロシア・ウクライナ戦争開始後の三月には一ドル＝一一八円台となり、九月には一四七円台にまでなりました。それ以降、少し落ち着くものの円安局面は続きました。

一二月になって黒田総裁は、「国債買い入れ額を大幅に増やしつつ、長期金利の変動幅を従来のプラスマイナス〇・二五パーセント程度から、プラスマイナス〇・五パーセント程度に拡大することとした」と述べました。緩和策のひとつとして抑えてきた長期金利の上限を、引き上げる方針を明らかにしたのです。

しかし黒田氏は、「利上げではない。（金融緩和の）出口政策とか出口戦略の一歩とか、そういうものではまったくない」と、異次元金融緩和の見直しを否定しました。それでも、二〇二三（令和五）年に入って円安の加速は止まりました。

こうした円安騒動のなかで、メディアは日経を中心に「悪い円安」論を掲げ、その元凶が日銀の異次元金融政策にあると、その修正を迫ります。

異次元金融政策については前にも述べました。安倍政権に消費税増税を予定通り実行させるために、黒田総裁が二〇一六（平成二八）年一月、中央銀行としては邪道のはずの長短金利の誘導政策（イールド・カーブ・コントロール＝ＹＣＣ）に踏み切ったことから自縄自縛に陥ったのです。

この問題については、黒田さんに代わる次期日銀総裁に経済学者の植田和男《うえだかずお》氏が選ばれたことと密接に関連しています。のちほど改めて説明しましょう。

そんななか円安問題について、私は一方的に「悪い」と決めつけることには反対の論陣を張ってきました。

「悪い円安」論を排す

二〇二二（令和四）年半ばから、メディアの大多数は「悪い円安」論を喧伝《けんでん》し、経済不安を煽《あお》ってきました。しかし円安は経済再生の追い風になるばかりか、政府の外貨準備を大きく膨らませ、防衛力増強の財政基盤を盤石にできます。

民間企業設備投資及び家計消費を円ドル相場と比べてみると、設備投資はほぼ一貫して円安とともに上昇しているのです。新型コロナ・ウイルス感染拡大による影響で低調だった家計消費も上向いています。家計は物価高の逆風に耐えているのです。設備投資に加え、賃上げが進むようになれば、消費は着実に拡大し、経済はしっかりとした拡大軌道に乗ります。いまはそうなるかどうかの正念場です。

技術革新など経済のダイナミズムを生むのはなんと言っても設備投資です。円安は企業収益を押し上げます。

悪い円安論に引きずられっ放しの日経も一部ではまともな記事があります。例えば〈『円安恐怖症』が市場で後退した〉（二〇二二年一一月一〇日付朝刊）と報じています。同記事は、現行の円安水準が持続すれば年間で五兆円規模の利益増が見込めると指摘し、この〈五兆円ファンド〉を使って、〈日本企業の弱点である生産性を高めるためにデジタルなどの情報化投資に使うことだ〉と期待していますが、まさにその通りです。

円安のいまは、越境電子商取引（ＥＣ）を使った日本製品の海外販路拡大のチャンスです。とくに地方の中小企業は特色ある製品の越境ＥＣ拡大に積極果敢に乗り出しているのです。

日本の企業は二〇〇八（平成二〇）年のリーマン・ショックや二〇一一（平成二三）年の東日本大震災後の超円高のたびに収益力を失い、設備投資を縮小してきました。

二〇一三（平成二五）年に本格化したアベノミクスはそれまでの超円高の是正に成功し、企業の設備投資意欲もいったんは回復しましたが、力強さに欠けました。消費税増税と財政支出削減が需要を冷やし、デフレ圧力が再燃したからです。

企業は収益を増やしても設備投資よりも内部留保（利益剰余金）の積み増しを優先してきました。財務省による法人企業統計によれば、二〇二二年六月末の利益剰余金は二〇一二（平成二四）年末に比べて二三三兆円も増えましたが、設備投資は一〇兆円弱しか増えていません。

多くの企業経営者が期待するのは円安、あるいは逆の円高の進行ではなく、水準としての安定です。大手企業は決算期ごとにあらかじめ一定水準の為替レートを想定し、経営計画を立てます。二〇二二年七～九月期までは一ドル一二〇～一三〇円だったのを、一三〇～一四〇円前後に修正するケースが多かったようです。同水準を超える円安だと、収益増となりますが、下回る円高に振れると収益が減るのです。

二〇二二年後半の相場の激動は投機の仕業です。投機筋は米連邦準備制度理事会（ＦＲＢ）の大幅な利上げと、日銀のゼロパーセント以下の金利政策の継続を見込んだからこそ安心してドル買い、円売り投機に勤《いそ》しみましたが、いまや状況は変わりそうです。米景気減速、物価上昇速度の鈍化を受け、ＦＲＢは今後の利上げ幅を縮小しています。

メディアや一部エコノミストの間では円安水準でのコスト高をもっぱら問題にします。しかし、日本経済が二五年間もデフレから抜け出せず、ＧＤＰが名目値でも減っているという恐るべき現実を度外視しています。デフレ下では中小企業はコスト上昇分を販売価格に十分転嫁できず、収益を減らします。そのため〝アニマルスピリッツ（血気）〟が失せ、技術革新投資に腰が引けるばかりか、賃上げで従業員に報いることもできないのです。そんな問題点に企業も気付きはじめたのです。

　トヨタ自動車は円安による為替差益が年間一兆円にも及びますが、系列など仕入れ先からの購入価格の引き上げなどに一兆六五〇〇億円を使うようです。納入元の中小企業などはコスト高を価格に転嫁しやすくなり、賃上げを促進する効果があります。円安を伴わない原材料高だけなら不可能です。そのほか、シェア拡大を狙うまともな企業経営者は、給料の引き上げで高いスキルの人材集めに相次いで乗り出しています。これもまた円安あればこそなのです。

「防衛国債」を提唱、安倍元首相が賛同する

　故安倍晋三さんとはとくに親密というわけではありませんでした。権力者と距離を置くのが自由な言論活動に欠かせないというのが、私の信念です。もちろん、安倍さんとは先に触れたように、津川雅彦さんとの会合などで何度か会っていますが、だからと言って、接近するのは何か時の権力者に媚《こ》びへつらうような気がして、避けたのです。

　アベノミクスにしても、私は全面的に賛成しているわけではなく、異次元金融緩和頼みで、財務省が仕掛ける消費税増税や緊縮財政に結局は引きずられる安倍首相を容赦なく批判しました。安倍さんもかなり気にしていたようで、首相の座から降りたあと、「田村記者に筆誅を加えられた」と議員やテレビカメラの前で公言したことはすでに述べました。

しかし、いざ安倍さんが亡くなられると、「私の論考を参考にしそうな政治家は安倍さん以外に誰がいるのか」と思わざるを得ません。

月刊『正論』二〇二一（令和三）年三月号で、私は「防衛国債」論を展開しました。その一年後の二〇二二（令和四）年四月に、安倍さんが派閥会合で「防衛のための国債発行」を提起しました。安倍さんは防衛国債について、将来の国の安全のために発行される公共事業財源であるとして、「建設国債」並みに扱うべきだと判断したのです。これはきちんとした議論になるなと手応えを感じたものです。

以下、私の同論文「『防衛国債』でデフレ脱却を」を抜粋します。

〈25年間にも及ぶ日本のデフレーション（収縮）は物価ばかりではない。国内総生産（GDP）のみならず、防衛支出にも及ぶ。経済と軍事が二本柱である国力が衰退し続けている。対照的に全体主義中国の国力膨張はめざましく、日本を飲み込む勢いだ。何をすべきか、答は明白、経済・防衛同時デフレから自力で脱出することだ。そのために必要なカネは国内に有り余っている。要は実行する政治意思である。

中国に目を凝らしてみると、２０００年代前半を助走に同年代後半から防衛費、ＧＤＰとも離陸して上昇軌道に乗り、さらに2弾ロケットのように２００８、９年から上昇に加速がかかっている。しかも、中国の防衛費増長速度は高成長のＧＤＰをはるかに上回る。

日本の防衛費停滞の元凶は1980年代後半からの経済のデフレ容認政策と防衛費をGDPの1％以下に抑え込むというガイドラインである。いずれも、日本みずからの政策に起因する。平成バブル崩壊処理の立ち遅れに伴う不況に端を発し、消費税増税を含む超緊縮財政によってこじれ、慢性化した。

防衛費のほうは、経済成長無視の財務省の財政均衡主義とGDP1％枠のガイドラインがワンセットになったままだ。

GHQ（連合国最高司令官総司令部）マッカーサー最高司令官は日本を2度と戦争を起こさせないとする決意のもと、日本の戦前、戦時の経済体制の解体による経済の「民主化」と戦争放棄、戦力不所持の「平和憲法」を押し付けたばかりではない。

新憲法の1947年とともに施行されたのが財政の基本法、財政法である。同法が平和憲法と一体であることを折りに触れ指摘するのが日本共産党の機関紙「しんぶん赤旗」と朝日新聞である。赤旗は2008年4月24日付けで、財政法第4条が財政収支の均衡を求め、国債の発行を原則禁止していることについて、「戦前、天皇制政府がおこなった無謀な侵略戦争が、膨大な戦時国債の発行があってはじめて可能であったという反省にもとづいて、財政法制定にさいして設けられたもので、憲法の前文および第9条の平和主義に照応するものです」と解説している。その根拠は財政法の起案者である平井平治氏（当時、大蔵省主計局法規課長）の解説書（「財政法逐条解説」1947年）だとし、「戦争危険の防止については、戦争と公債がいかに密接不離の関係にあるかは、各国の歴史をひもとくまでもなく、わが国の歴史をみても公債なくして戦争の計画遂行の不可能であったことを考察すれば明らかである、……公債のないところに戦争はないと断言しうるのである、従って、本条（財政法第4条）はまた憲法の戦争放棄の規定を裏書き保証せんとするものであるともいいうる」と引用している。

朝日新聞の2020年8月27日付け社説「財政法と戦後　歴史的意味を忘れるな」は、この赤旗記事とほぼ同じ部分を導入部としつつ、「財政法が例外として認めた建設国債ばかりか、禁止したはずの赤字国債すら、特例法による発行が常態化した。（略）真珠湾攻撃があった41年度の借金への依存度は56・4％（一般会計と、廃止された臨時軍事費特別会計の合算）。今年度の56・3％はこれとほぼ並ぶ」と財政法の「骨抜き」を糾弾した。そして、「国会と政府は、条文の歴史的な意味を忘れてはならない」と結んだ。

GHQこそが憲法9条と緊縮財政をセットとし、憲法と財政双方でGDPの成長を抑え込んで日本経済の弱体化と戦力否定の防衛予算を組むように仕掛けたばかりでなく、戦後世論の大勢がそれに感化され、歴代の政権が唯々諾々と受け入れてきた。

1950年代末にアイゼンハワー政権の副大統領として吉田氏〔引用者注：吉田茂首相〕を大磯に訪ねたニクソンは「経済の巨人で軍事のピグミー（小人）になるつもりか」と再軍備を迫ったが、吉田氏は一歩も譲らなかった。

防衛費の国民総生産（ＧＮＰ）１％枠を決めたのは１９７６年11月5日、三木武夫政権である。現在は国内総生産（ＧＤＰ）が一般に使われているが、ＧＮＰとＧＤＰの違いは国外での企業など「日本国民」の所得がＧＮＰでは含まれ、ＧＤＰでは除外される。54年の自衛隊創設を経て、60年代から70年代にかけての高度経済成長に支えられ、防衛予算が増えて行く。国内左派の懸念がメディアを通じて伝えられ、それが中国、韓国などアジア諸国の「日本の軍事大国化」を恐れる声を煽っていた。企業の対外進出が活発になる中で、アジアなどの反日機運が出始める中、田中角栄前政権が防衛費に歯止めとなる基準の議論を始め、三木政権が仕上げ、77年度防衛予算はＧＮＰ比０・９％未満に抑えた。60年代前半から70年代半ば過ぎまでは防衛支出の伸び率が二桁台だが、ＧＤＰ比は１％をかなり下回っていた。

１９７０年代末は日本の防衛政策の見直しが行われた。70年代の第1次、2次の石油危機、79年にはイランでのホメイニ革命、そしてソ連軍のアフガニスタン侵攻と中東情勢の緊張と米ソ冷戦が再激化する。その中で、ベトナム戦争後限界が明らかになった米国覇権という局面で、最小限の軍備と経済での国際相互依存をどう両立させるかが喫緊のテーマになった。

80年代に入ると冷戦の緊張が高まる中、レーガン米政権が日本に防衛力の強化を要請、中曾根康弘政権は１９８６年12月に１％枠撤廃を決め、１９８７年度予算編成から総額明示方式へと転換した。それでも中曾根首相は「１％枠の精神を尊重する」と表明、１％は不文律になった。

今、習近平政権による海洋進出、拡大中華経済圏構想「一帯一路」構想などの対外膨張政策、チベットやウイグル、香港への人権抑圧がエスカレートする中、さすがに1％枠を見直す声が自民党内で起きている。先の衆院総選挙時の自民党公約では防衛費の「ＧＤＰ比２％」がうたわれた。そして、岸信夫防衛相は21年以来、「防衛費はＧＤＰ比で考えず、１％枠にこだわらない」と言い続けている。21年度防衛予算は補正を含めると、同年度の政府経済見通しのＧＤＰ比で１・１％を超すことになった。だが、21年10月発足の岸田文雄政権としては初の政府当初予算編成である二二年度案は同比で０・95％であり、メディアに対しては前年度の補正を合算して１％を上回ると説明した。ＧＨＱ、吉田ドクトリンから大平氏の総合安全保障構想の１％路線は、大平政権時代に全盛期を経た宏池会に属する岸田文雄政権の遺伝子として引き継がれている。

冷戦時代の脅威は旧ソ連だったが、控えめで最低限の自衛力であり、米国の核の傘の中でのみ唱えられるＧＤＰ比１％超の防衛路線だ。

旧ソ連を現下の中国に置き換えるとどうか。台湾、沖縄県尖閣諸島と中国の軍事侵攻は通常兵器を主体とする。日本固有の領土である尖閣諸島防衛は第一義的には日本が自力で立ち向かうことが前提となり、台湾有事の際に、米軍が出動する条件として日本の全面的な軍事支援が欠かせないことは、日米の軍事専門家の間では常識である。

それればかりではない。絶え間のない中国からのサイバー攻撃への対抗と抑止も日本自体の能力と行動にかかっている。中国の海洋進出に対抗するための、米国、豪州、インドとの結束でも日本は主要な役割を担う。岸防衛相のいう「GDP比で考えない防衛」はだれでもわかる主権国家日本の路線として明確に打ち出すべきで、あいまいにしたままだと、相手につけ入る隙を与えるだけだろう。

要は、国家の危機意識である。国力が萎える中では、危機意識もまた減衰する。日本の国力の再生のための土台を築くのは経済デフレからの脱却である。米国などは新型コロナウイルス不況から脱してインフレ懸念が高まっているのに、日本だけは25年ものデフレが収まらない。岸田文雄政権は「新しい資本主義」をめざすが、脱デフレを達成できるだろうか。

日本のデフレは冒頭で述べたように、物価下落にとどまらない。

２０１２年12月発足の第２次安倍晋三政権はアベノミクスを打ち出し、13年度にかけて異次元金融緩和と積極財政を組み合わせたが、景気反転は短命だった。デフレ圧力が消えていない中で、消費税率３％幅の大型増税と財政支出削減に踏み切った。

給与は増えないのに物価のほうは消費税増税分だけ上がる。政府が家計から巻き上げたカネは国債の償還に回って金融機関に振り込まれるが、需要不振の国内に回らない。海外金融市場を潤し、ドル金利を下げる。中国企業は低金利の外貨を調達して不動産開発に振り向ける。日本の資産価格もまたデフレとなる。そこで中国資本が北京の後押しを受けて、二束三文で北海道などの山林原野や農地、さらにリゾートを買いまくる。軍事を使わなくても日本を中国化できるのだ。

岸田政権の分配重視政策の目玉は賃金水準の引き上げだ。賃上げが家計のやりくりを楽にして需要を押し上げ、デフレ圧力を緩和するには違いない。金融保険を除く企業の昨年9月末の内部留保は477兆円と前年同期比で24兆円増えた。内部留保は企業財務で利益剰余金と呼ばれ、株主のものということになる。賞与を含む従業員給与が20年度147兆円であることからすれば、政治サイドからの要請は当然視されよう。しかし、デフレ経済では企業は国内での設備投資を抑制し、人件費の圧縮に努め、賃上げを渋る。一般会計、特別会計合わせて国内総生産（GDP）の5割前後の資金を采配する政府こそが脱デフレに責任を負う。

日本の余剰資金は昨年9月時点で家計の現預金が1000兆円以上、企業の内部留保と合わせて1500兆円と、GDPの3倍近い。そのうち380兆円が海外に流出している。政府が国債発行する余地の大きさは世界最大だ。デジタルインフラ、医療、基礎研究、さらに防衛関連のシステムとハイテクと投資すれば、成長と安全保障を同時に達成できる。建設国債と同様、防衛国債発行で国民に幅広く購入してもらえば、国民の安全保障意識も高まるだろう。そして、戦後レジーム、GHQの呪縛から解き放たれるだろう。〉

なお続く戦後レジーム

岸田文雄首相は二〇二二（令和四）年五月に来日したバイデン米大統領に「防衛費の相当な増額」を約束しました。自民党はそのタイミングでGDP比二パーセントを掲げました。そこで、防衛費増額論議が始まりましたが、先導するのは例によって財務省です。岸田首相は「防衛費増額に関する有識者会議」を開きましたが、「有識者」の人選はほぼ財務省の振り付けによります。

二〇二二年一一月一七日の日経朝刊一面トップはその提言の「原案」を掲載しています。明らかに財務省筋のリークに基づく大本営発表記事です。見出しは〈防衛費増、法人税など財源〉で、〈幅広い税目による国民負担が必要だ〉〈負担を将来世代に先送りするのは適当でない。国債依存があってはならない〉と強調しています。安倍晋三さんが言及した防衛国債論を一蹴したのです。

安倍さん亡き自民党の増税反対派は足並みが乱れがちです。財務官僚はそこをついて、「財源はどうするのですか」と迫ります。「有識者会議」が一段落した一一月一八日には自民党と公明党の税制調査会総会が開かれました。いずれも「防衛財源、法人税を軸にする」と結論を出しています。

もとより、財務省の防衛国債否定の論拠は、「安定財源にならない」という屁理屈《へりくつ》です。法人税こそは景況に左右される不安定財源の代表であることは財務官僚の口癖だったのに、臆面もなく言いきるのは、それだけ反対派を舐《な》めてかかっている証拠です。しかも経済界の猛反発を食らいかねません。財務官僚はそんな逆風は計算済みだからこそ、「幅広い税目」の増税の必要性を有識者に言わせたのです。

家計消費は景気如何《いかん》にかかわらず一定に保たれるので、消費税こそは安定財源の代表税目です。財務省が隠す真の意図は消費税率の一五パーセント以上への引き上げで、防衛費増額はさらなる消費税増税へのまたとない踏み台なのです。

消費税増税と緊縮財政が四半世紀もの恐るべきゼロ経済成長をもたらし、国力を衰退させてきました。それを繰り返そうとする財務省に、政治家もメディアもやすやすと誘導されるのです。

岸田政権は結局、二〇二七（令和九）年度までの五年間で必要な防衛力整備費約四三兆円の一部を、防衛関連以外の歳出削減や法人税などの増税で賄うことにしました。二〇二七年度以降は毎年度、約四兆円の財源を必要とし、そのうち歳出削減と増税で一兆円以上ずつ確保する財務省シナリオに従うことを決めたのです。

戦後レジームは延々と続きそうです。

次期日銀総裁人事の顚末記

二〇二三（令和五）年二月上旬、次期日銀総裁人事をめぐる取材に巻き込まれました。その顚末を追ってみましょう。

脱デフレを目指したアベノミクスを先導した安倍晋三元首相は謎の凶弾に斃《たお》れ、アベノミクスの主柱だった日銀の異次元金融緩和政策は機能不全寸前です。財政のほうは岸田文雄政権によって増税、緊縮色がますます強くなっています。次期日銀総裁体制がどんな政策をとるかは、まさに日本再生の行方を考えるうえで、見逃せないポイントです。

岸田首相は黒田東彦日銀総裁の次期総裁に経済学者の植田和男《うえだかずお》氏を起用する人事案を国会に提示しました。下馬評では、日銀生え抜きの雨宮正佳《あまみやまさよし》副総裁が最有力視され、植田氏の名前はどのメディアにも出ていなかったのです。日経は二月六日付の朝刊で日銀次期総裁に〈雨宮正佳副総裁を充てる〉と飛ばしましたが、大きく外れました。植田氏起用の顚末を記してみましょう。

インターネットで植田次期総裁の速報が流れた二月一〇日午後、日銀内部に探りを入れると、以下のような評価が返ってきました。政府の正式発表前だし、慎重居士《しんちょうこじ》の多い日銀のことだから、コメント拒否だろうと思っていたら、とんでもない。ひと言で言うと「大歓迎」一色です。「植田さん起用に喜んでいる。米連邦準備制度理事会（ＦＲＢ）副議長やイスラエル中銀総裁を務めた著名経済学者スタンレー・フィッシャー氏の弟子で金融経済の第一人者」

「世界の中央銀行総裁はいずれも実務もわかる経済学者、それこそがグローバルスタンダードだ。ＦＲＢ議長、欧州中央銀行（ＥＣＢ）、中国人民銀行総裁も韓国中銀総裁も」

「植田さんは七年間日銀政策委員、審議委員を務め、中央銀行の実務デシジョン・メイキングに通じている。審議委員時代、ゼロ金利、量的緩和にも深く関与した」

「速水優総裁時の二〇〇〇（平成一二）年八月、金融政策決定会合でのゼロ金利解除の際、ただひとり反対した勇気の持ち主」

「植田さんは二パーセントのインフレ目標を重視、緩和を続けるべきと考えているが、リフレに偏っていない」

「大きな意義は、たすき掛け人事の廃止だ。日銀総裁は財務省主計局出身者が上がりのポストという時代ではない」等々。

さて、以上の日銀の熱狂ぶりは、メディアからは伝わってきません。どうしたのでしょうか。日経報道を見てみましょう。

任命権者である岸田首相は二月六日付の日経朝刊記事について、記者団に聞かれると「観測気球を上げているのだろうなと想像している」と、雨宮説は否定したのも同然でした。ちなみに、黒田東彦さんの日銀総裁就任の場合、産経が鮮やかにスクープした（二〇一三〔平成二五〕年二月一〇日、電子版）ことは既述しました。

岸田首相は日経記事の数日前、秘書官から「総理、そろそろ日銀総裁人事を決めないと」と言われると、苛立った口調で「そんなこと、わかってる！」と答えたそうです。意中の植田氏本人に打診しようかどうか迷っていたのかもしれません。

各紙が一斉に二月一一日付朝刊で「植田起用」を報じたとき、日経の一面見出しには〈雨宮氏は就任辞退〉とありました。「誤報の言い訳めいてちょっと見苦しいよ」と日経の後輩記者たちに言いたくなりました。何よりも肝心な植田氏の「いまの日銀政策は適切だ」という発言を一面記事から外したのは良くありません。まるで官報の人事公告になっています。

日経の三面で〈金融緩和の継続が必要〉とする植田氏の見解を紹介しながらも、トップ見出しは〈異次元緩和、出口へ重責　日銀総裁に植田氏起用へ　修正、理論派に託す〉です。本文では〈植田和男氏を待ち受けるのは、10年続いた異次元緩和の手じまいという重責だ〉と決めつけ、あたかも植田日銀がただちに異次元緩和を打ち切るかのような印象操作になっています。

マーケットというのは絶えず、先行き予想で動くのですから、影響力の大きい日経がそう報じると実際に市場金利や相場が動いてしまうかもしれないと心配になります。

日経はしかも、二〇二二（令和四）年一二月以来、黒田日銀の「超短期金利操作」の限界を連日のように報じてきました。日経編集陣は異次元緩和を止めさせたいようです。

日経論調に煽られて、産経を含め各紙が「異次元緩和はダメだ」式で追随します。なんともおぞましいです。実際の日銀政策と黒田総裁の意図を正確に伝えることが先決であり、市場の思惑とは距離を置くのが経済記事の鉄則のはずですが、ごちゃまぜにしてしまっているのです。

肝心の植田和男氏はどんな考え方をもっているのか。参考になるのは、ほかでもない、二〇二二年七月六日付の日経「経済教室」への植田寄稿論文です。同論文で、〈異例の金融緩和を二％のインフレが持続的に見込まれるまで継続すると宣言していることが緩和効果を発揮している〉と黒田路線を評価しています。〈利上げで円安にブレーキをかけるようだと、金利・為替の両面から景気を悪化させ、インフレ目標達成も一段と遠のく〉と断じています。さらに〈円安は日本経済にプラス〉と見る一方で、マイナスの影響を受ける低所得層に対しては〈財政による所得支援を中心とする対応が適切だ〉と説いています。

植田氏の見解は財政の一部にかぎられるとはいえ、財政政策そのものは異次元緩和を主柱とするアベノミクスの限界を乗り越えるうえで避けて通れない論点です。ところが、これまでの黒田日銀はもっぱら金融緩和の〝一本足打法〟で良しとしてきました。黒田総裁は異次元緩和政策さえあれば二パーセント物価目標を達成できるとし、二〇一三年九月には翌年四月からの消費税率三パーセント引き上げの実施を迷っていた安倍首相に決断させたのですから。

増税の結果はデフレ圧力の再発と景気の落ち込みでした。先述しましたが、衝撃を受けた安倍首相は二〇一五（平成二七）年一〇月に予定されていた二パーセント幅の消費税率追加引き上げを二〇一七（平成二九）年四月まで延期することを二〇一四（平成二六）年一一月に表明しています。さらに二〇一六（平成二八）年六月には「新興国経済の落ち込みなどで世界経済が危機に陥るリスクを回避するため、二〇一九（平成三一）年一〇月に引き上げを再び延期する」と声明しました。

黒田総裁は二〇一七年四月の消費税増税実施を確実にするため、二〇一六年一月に異例のマイナス金利政策を導入、さらに九月には長短金利操作に踏み切りました。

長短金利操作は「イールド・カーブ・コントロール（YCC）」と呼ばれますが、FRBは失敗のリスクが高いと見ており、導入していません。黒田総裁はそれに構わず異次元緩和強化の手段にしたのです。安倍首相に異次元緩和をテコに増税を促すという財務官僚上がりならではの動機が、二〇一三年九月の消費税率三パーセント引き上げ決定時と同じく働いたのです。

なぜ、YCCは禁じ手なのでしょうか。

中央銀行が通常、直接操作できるのは短期金利にかぎられます。金融機関同士の短期資金の融通を行う短期金融市場は、常時資金の追加供給と吸収というオペレーションを行う日銀にとって身内同然です。

しかし、長期金利は償還期間一〇年の国債金利が標準指標で、短期金利とは訳が違います。しかも国債市場には、国内の金融機関や機関投資家に加え、海外の投機ファンドが入り乱れます。

日銀は二〇一三年以来、量的緩和の名目で大量の国債を国内金融機関から買い上げています。国債発行残高に占める日銀の国債保有比率は急上昇し、二〇二二年九月末で五割を突破しました。しかも、新規に発行される国債を遥《はる》かに超える国債を日銀が金融機関から買い上げているのですから、市場で売買される国債は少なくなっています。

国債の保有比率が一割未満で、市場への影響力がかぎられてきた海外の投機勢力にとってチャンス到来です。日銀は長期金利（国債利回り）を短期金利に準じて低めに誘導しようとしますが、投機筋は日銀の誘導目標を目安に国債のカラ売り攻勢をかけます。

カラ売りとは、投機対象の金融商品を借りてきて売り浴びせ、相場を下落させたあと買い戻して、返却することです。この売買差額で荒稼ぎするのです。

投機を受けて国債相場は下落し、国債市場金利（利回り）は上昇します。投機は当局による明確な目安があれば、投資家全員がそれを目がけて突進して利回りを押し上げるので、利回りが低いうちに国債を借りておけば失敗するリスクはないのです。

日銀は耐えかねて長期金利誘導目標を上方修正せざるを得なくなります。実際に、日銀が二〇二二年一二月に誘導金利引き上げに追い込まれると、投機筋はさらに勢いづきました。それでいてYCCはインフレ目標達成にどのくらい貢献したのか、まったくと言ってよいほど見えてこないのです。

雨宮氏ら日銀生え抜き組は黒田総裁に協力して上記の「長短金利操作付き量的・質的金融緩和」を設計したのですが、このまま失敗すれば「戦犯」扱いされるでしょう。白川方明前日銀総裁らOBから「何していたんだ」と責め立てられ、日経などメディアからも叩かれます。

某日銀幹部は吐露しました。「異次元金融緩和が成功するか、失敗するかはそれぞれ五割の確率、日銀生え抜き組が総裁になって失敗すれば日銀という組織全体に傷がつく」――。そんな思惑もあって、金融経済学者の植田氏に任せるというのが真相なのでしょう。

しかし、国家と国民にとっての最大の懸案は日本経済再生です。財務官僚OBの最高ポストのために日銀や日銀政策があるわけではありません。日銀組織の保全なんて論外もよいところです。日本再生のカギになる脱デフレは、金融政策一本やりでは達成できないことが過去一〇年間を見ても歴然としています。

植田氏がいくら学識を発揮しても、金融操作だけでデフレ圧力の元凶である需要萎縮を解決できるはずはありません。緊縮財政や増税で民間の需要を奪っておいて、金融緩和で穴埋めしようとしても無理です。なぜなら事業者や気の利いた家計ならわかるでしょう、需要が減るのに人を新たに雇うことはあり得ないし、設備を入れ替える気にはなり得ません。家計でも消費税増税で負担が大きくなると予想すれば消費を控えます。

そういう経済常識が官僚のなかの官僚と呼ばれる財務省エリートには欠如しているのです。岸田首相はしっかりと経済学者出身の植田新総裁と話し合って、財政活用のリーダーシップを執るべきです。しかし、首相自身が財務官僚の操り人形になっている以上、期待できそうにないのは、なんとも気がかりです。

おわりに──「戦後レジーム」からの脱却を

本書では、これまで五〇年以上の間、現場と向かい合ってきた一経済記者の目で、戦後日本経済の盛衰を時系列で追ってきました。高度経済成長期の公害・環境問題、ニクソン・ショック、石油危機、プラザ合意、日米通商摩擦、バブル崩壊そして二五年デフレと、日本経済の節目、節目に居合わせたのはジャーナリストとしてはラッキーでした。同時に、この五十数年間、日本は何か目に見えない魔力に縛られてきたのではないかとの思いが湧きあがります。

格好つけた言い方ですが、「時代の証言者」の義務を意識し、事実関係に忠実を心がけました。でも、現時点へと近づけば近づくほど「日本経済の再生を果たさねば」という、先の大戦に殉じた親たちの世代に申し訳ないといった情念のようなものが湧き上がります。

そして本文部分を書き終えたとき、現在の日本はグローバル経済でどんな位置にあるか、日本は根本的にどうすればよいのか、という問題提起を本書のまとめ代わりにすることにしました。本文と重複するところもありますが、大切なことなので ご寛恕《かんじょ》賜れば幸いです。

ひと言で言いたいのは「戦後レジームからの脱却を目指せ」です。

このフレーズは、故安倍晋三《あべしんぞう》首相が第一次政権時代に掲げましたが、第二次政権では封印された印象があります。安倍さんは『安倍晋三回顧録』のなかで、第一次政権について、〈本当は、もう少し経済に照準を当てておけば良かった。今思えば、戦後レジームの脱却に力が入りすぎていた面がありました。〉と述懐しています。憲法改正、靖國参拝など、その言葉がもつ政治的な含意から来る国内での反発に加え、対米国、対中国など外交上の軋轢《あつれき》を考慮されたのでしょう。でも、経済データが示すリアリズムからすれば、なおさらのこと、「戦後レジームからの脱却」なくして日本の脱デフレも中国の脅威阻止も不可能だと、思うにいたりました。

その訳を以下、述べてみます。

まず、日本が組み込まれている現代の資本主義はグローバリズムに支配されています。それは複雑怪奇のように見えますが、数値データで把握できるカネの流れだけに目を凝らせば、ザクっと理解できます。

カネには色がありません。デジタル・ネットで結ばれている地球では数値さえキーボードに打ち込めば、世界のどこにも瞬時に移動します。金融こそはグローバリゼーションそのもので、巨大潮流となって、金融市場にかぎらず世界各地の政治、軍事をも動かします。

日本の金融が国家安全保障とは無縁だと見なすのはよほどの能天気です。世界最大の対外債権国日本はグローバル・マネーの世界最大の出し手を意味します。日銀が円資金を刷れば、国境を越えてかの独裁・強権国に流れ込んで潤し、図らずも自国の安全を危うくします。中国の習近平《しゅうきんぺい》政権はこれまでの一〇年間、経済成長と並行して軍拡を進め、対外膨張策を展開し、沖縄県尖閣《せんかく》諸島の領海侵犯を繰り返します。軍事力を行使して民主主義台湾の経済封鎖も辞さない構えです。

日本の金融リーダーはこうした自らの作為を意に介しません。元財務省財務官でアジア開発銀行（ＡＤＢ）総裁を務めたＮ氏は習氏肝いりの国際金融機関、アジアインフラ投資銀行（ＡＩＩＢ、本部北京）への日本の参加を政府に強く勧めましたし、ＡＤＢとＡＩＩＢの協力を推し進めました。

やはり財務官ＯＢの黒田東彦《くろだはるひこ》日銀総裁自身も親中国です。アジア開銀総裁時代はタイなどメコン川流域開発プロジェクトへの中国資本の参加を後押ししてきたのです。

黒田総裁は二〇一六（平成一八）年一月にスイス・ダボスで開かれた世界経済フォーラム年次総会（ダボス会議）で、中国の資本規制による外国為替市場管理を擁護しました。当時、中国は金融危機に揺れており、為替投機家のＧ・ソロスは「中国のハードランディングは不可避だ」とのダボス発言で、大慌てでしたが、黒田氏が助け船を出したのです。

前年一二月に国際通貨基金（ＩＭＦ、本部ワシントン）から人民元は特別引き出し権（ＳＤＲ）構成通貨となり、円を抜いてドル、ユーロに次ぐ第三位の「国際決済通貨」の座を獲得したばかりです。中国に対するＩＭＦの条件は金融市場自由化でしたが、日本の金融界の代表、黒田氏はその約束履行を迫ることなく、西側世界で率先して中国の規制継続を容認し、欧米も追随したわけです。

そんな具合で何が起きているのでしょうか……これまで一〇年間の黒田日銀の異次元金融緩

和政策の国際金融に及ぼした成果を調べると、愕然《がくぜん》とさせられます。異次元緩和は日銀が資金を発行して市中銀行などから国債を大量購入する量的緩和が主です。

アベノミクスの起点である二〇一二（平成二四）年末に比べた日銀資金発行増加額は二〇二一（令和三）年末で五二五兆円、二〇二二（令和四）年末は少し減って四八五兆円です。では日本の対外金融債権がどのくらい増えたかと言うと、それぞれ五五〇兆円、六七六兆円に上ります。平たく言えば、日銀が刷るカネの全量以上相当が海外に流れているのです。

他方で、中国の対外金融負債を見ると、二五二兆円、二九五兆円となります。この一〇年間、中国の対外債務増加額は日本の金融債権増加額の五割前後で推移してきたのです。

統計学上の相関係数（最大値は1で「完全相関」）で、日銀資金と対外金融資産の増加具合は0・95、日銀資金と中国債務は0・91ときわめて高い値です。さらに日本の対外金融資産と中国の金融債務となると、0・97で完全相関に近いのです。

相関係数とは「風が吹けば桶屋《おけや》が儲《もう》かる」、即《すなわ》ち「日銀がカネを刷れば中国が膨張する」度合いを示すのですが、なぜそうなるのかという因果関係を表わすわけでありません。その訳は以下のように説明できます。

日銀は市中銀行や生保など機関投資家から国債など資産を買い上げます。市中銀行などに振り込まれた日銀資金の多くは金融機関あるいは投資ファンドを通じてドルに換わり、ニューヨーク、ロンドンなどの国際金融市場に回ります。

米国は世界最大の債務国で外部からの資金流入に頼っています。日本のお蔭で米国債相場は安定し、ドル金利が低くなるのです。そこで、中国が低金利のドル資金を易々と調達できます。欧米系の大手金融資本は中国向け投融資に血道を挙げます。中国人民銀行は流入する外貨を担保にして低利の人民元資金を発行して経済成長を支えます。こうして財政も安定し、習政権は軍拡に勤《いそ》しむことができてきたのです。

しかも、外資の流入は中国のマネー・パワーを増幅させます。中国の通貨制度は「管理変動相場制」と称し、中国人民銀行が設定する人民元の対ドルレートの上下二パーセントの範囲内でのみの変動を許容する準ドル本位、準固定相場制です。

こうして安定させた人民元は増殖していきます。共産党が支配する国有商業銀行に注入されて、貸し出されては預金となって商業銀行に還流するプロセスが繰り返される信用創造の産物です。その結果、中国の現預金総量は膨張しつづけ、二〇二二年末は円換算で五〇〇〇兆円を優に超え、米国の二八〇〇兆円を凌《しの》ぎます。中国の増加規模は年間一二〇〇兆円のペースで二〇二二年末の日本の現預金総額に匹敵します。言い換えると、毎年日本一国分のカネが中国では新たに生み出されていることになるのです。

このマネー・パワーを背景に、習近平政権は一帯一路プロジェクトを推進すると同時に外国のハイテク企業や資源を買収してきました。

カネが国内では回らないデフレ不況の日本は地方の疲弊が進みます。中国資本は二束三文でいとも簡単に北海道の広大な土地から沖縄県の離島にいたるまでを買い漁りつづけています。共産党直轄の上海電力は全国各地の山林を買い占め、中国製太陽光発電パネルで覆い尽くします。そのために乱伐された山や丘陵は豪雨のたびに崩れ、地元住民に災厄を引き起こします。

二〇二三（令和五）年二月現在、全国各地では新型コロナ・ウイルス流行のため、しばらく途絶えていた中国人団体ツアーの再開を心待ちにしています。コロナ前は海外客のインバウンド消費の最大シェアは中国が占めていました。日本はチャイナ・マネーに圧倒され、買われ、かつそれなしにはやっていけないという恐るべき対中依存症に冒されつつあるのです。しかも、そのマネー・パワーの源流は日本発と言えるのです。

なぜ、そんなザマになったのか。

前述した通り、それは、国際通貨「円」をもつ日本が、がっちりとドルを基軸とするグローバル金融に組み込まれていることと密接に関連しています。債務国米国は金融覇権を維持するためには、日本の円を必要とします。日本は軍事の面では日米安保体制で米国の核の傘に守られます。それと引き換えに日本は米国金融市場に資金を流しつづける。

本文中で明らかにした秘話にある、二〇〇八（平成二〇）年九月、リーマン・ショック当時の故中川昭一《なかがわしょういち》財相による「日本は米国のキャッシュ・ディスペンサー」の言及につながってくるのです。

中国はまさに、日本の対米金融協調に支えられるグローバリズムに寄生して膨張しつづけ、我々が気付かないうちに、いまや日本を呑《の》み込む勢いなのです。

米国がこのグローバル金融覇権を維持するためには、日本のカネあまりを必要とします。カネあまりをもたらすのは、九〇年代初めのバブル崩壊後の慢性デフレです。そして皮肉にも脱デフレを目指したはずのアベノミクスの主柱、日銀の異次元金融緩和政策はデフレを解決できない半面で、巨額のカネをグローバル金融市場に提供しつづけてきたのです。

そして米英の国際金融資本は収益機会を中国市場に求めます。バイデン政権は中国の脅威にはハイテク禁輸で臨み、新疆《しんきょう》ウイグル自治区での人権抑圧、さらにはウクライナ戦争における対露協力に関し、経済制裁をちらつかせますが、金融制裁にはきわめて消極的です。

マネー超大国中国に金融制裁すれば、国際金融市場が揺らぎ、米金融資本が返り血を浴びる恐れがあるからです。習政権は米金融大手に中国本土での一〇〇パーセント出資の子会社設立を認めるという飴《あめ》を与えています。金融に関するかぎり、米中はまさに共生関係にあるのです。

香港の高度な自治剝奪《はくだつ》、民主化運動弾圧に対して、トランプ前政権は中国の大手国有商業銀行のドル取引を禁じる大統領令に署名したのですが、バイデン政権はそれをお蔵入りにしました。バイデン政権はさらに、米議会が中国の対台湾併合に乗り出した場合、中国の大手国有商業銀行の米銀との取引を禁じる法案を用意しようとしたら、大統領拒否権を行使すると通告して、法案作成を止めさせました。

うがった見方をすると、日本の財務省や日銀は対中配慮の米主導グローバル金融体制にしっかりと貢献しています。先に振れた、黒田日銀総裁が金融不安にある中国の資本規制を支持したのは、中国金融危機が国際金融市場全体を揺さぶりかねないことを意識したからです。異次元緩和によってグローバル金融を支える黒田日銀はドル基軸の国際金融界の寵児であり、中国にとっても絶好のパートナーなのです。

増税や緊縮財政によって日本経済に一貫してデフレ圧力を加え、〈税収の増減を気にしているだけで、実体経済を考えていません。〉(『安倍晋三回顧録』)という財務省をどうみるべきでしょうか。それはまさに、戦後レジームそのものです。

経済、財政で考える戦後レジームとは、第五章で詳述した通り、GHQ(連合国最高司令官総司令部)マッカーサー最高司令官指示による「平和憲法」とともに一九四七(昭和二二)年に施行された財政の基本法、財政法です。

赤字国債発行を禁じた同法第四条は、日本の財政支出を税収の範囲内に収めることを命じています。日本政府は期限付きの特例法によって一九六五(昭和四〇)年度の補正予算で赤字国債を戦後初めて発行しました。

一九九四(平成六)年度以降は毎年発行していますが、財務省は一九九七(平成九)年度の橋本龍太郎《はしもとりゅうたろう》政権時代以降、プライマリーバランス——基礎的財政収支(=PB)。社会保障、公共事業、教育、防衛など政策支出を、税収などで賄えているかどうかを示す——の黒字化目標を歴代の政権に設定させてきました。

アベノミクスを打ち出した安倍元首相もＰＢに縛られるかたちで、消費税増税と緊縮財政に踏みきらざるを得ませんでした。この結果、アベノミクスはもっぱら異次元金融緩和施策頼みの一本足打法となり、脱デフレには失敗しました。

デフレとは供給能力に対して需要が足りないために起きます。増税や緊縮財政は民間から吸い上げた所得を民間に還元しないので、需要を萎縮させます。金融でそれを補完する力は格段に弱い。なぜなら、金利が多少下がっても、需要がなければ、企業は収益減を恐れて賃上げや設備投資を控えるからです。

収入が増えそうにない家計は消費を減らします。住宅ローン金利が下がっても、収入が低いままの勤労者はマイホーム購入に慎重になります。それと同じことです。

したがって、デフレ下の増税はデフレを長引かせることになります。そんな現実に目を向けないのが、均衡財政主義の財務省であり、「均衡財政＝健全財政」と信じる政治家やメディアの多数派です。

こうして、デフレ圧力が続いたまま、カネだけが増発されるのですが、それが国内で回らず、国際金融市場に回ります。それは債務国米国を中心とする国際金融市場を支えます。したがって、財務官僚の増税・緊縮財政路線はまさに現代のグローバル金融の循環システムに不可欠なのです。

そんな背景から、グローバル金融の総本山、ワシントンのＩＭＦが日本に毎年のように消費税率引き上げを勧告してくるのです。消費税増税を推進する財務官僚はＩＭＦで歓待され、日銀総裁は世界の中央銀行で構成する国際決済銀行（ＢＩＳ、本部スイス・バーゼル）総裁会議でちやほやされるのです。中国は日本の財務官僚が来れば、紅い絨毯《じゅうたん》を敷いて出迎えます。

こうした日常は日本の財務、金融エリートにとって当たり前なのですが、日本の国民と国家が貧しくなる一途です。それこそが戦後レジームのなれの果てなのです。

したがって、脱デフレによる日本再生を果たすためにどうすればよいかの答えは、はっきりしています。

戦後レジームからの脱却、つまり均衡財政主義の呪縛を解くことです。

「脱デフレまでは緊縮財政や増税をしない」と、首相が宣言すればよいのです。

「財源が足りない」というなら、一七兆円の国債償還を当面の間、停止し、その額を防衛、少子化対策に回せばよいのです。日本のカネあまりは家計の現預金から見ても一〇〇〇兆円、企業の内部留保から見ても五〇〇兆円を優に超えています。一七兆円の借換債はなんの苦もなく、市場で消化されるでしょう。

日本で生み出されるカネは国内でまず使う「日本第一主義」であるべきです。カネは対外配慮のためではないことはケインズの「一般理論」でも述べられている通りだし、文中でも触れたベルリンの壁崩壊時のドイツ金融界のリーダーも言及した世界の常識なのです。

一九四七年発の戦後レジームから七六年の期間をまるごと生き、そのうち五〇年以上を経済記者として前線に立ってきた者として、「脱戦後レジーム」を繰り返し繰り返し訴えます。

二〇二三（令和五）年三月

田村秀男

本書関連年表

【一九七〇年代】

	田村秀男の履歴	経済の動き	日本の動き
●一九七〇（昭和四五）年	**三月** 早稲田大学第一政治経済学部経済学科卒／**四月** 日本経済新聞社入社、岡山支局に赴任	**六月** 日米繊維交渉 合意に達せず／**七月** 五七ヶ月続いた「いざなぎ景気」が終わる／**一一月** いすゞと米GMが提携	**一月** 第三次佐藤内閣成立／**三月** 日本万国博覧会開催／日航よど号事件／**七月** 政府が中央公害対策本部設置
●一九七一（昭和四六）年	岡山支局	**三月** 第一銀行と日本勧業銀行が合併、第一勧業銀行が発足／**八月** ニクソン米大統領が金・ドル交換停止などドル防衛策を発表（ドル・ショック）／**九月** 日本政府・日銀、低金利特別融資などドル・ショック緩和策（円不況）／**一二月** スミソニアン体制発足	**七月** 日本マクドナルドの一号店が三越銀座店一階に開店
●一九七二（昭和四七）年	岡山支局。公害問題取材のため中国・四国各地に出張	**一月** 日米繊維協定調印／**六月** 田中角栄「日本列島改造論」発表	**二月** 連合赤軍事件／**五月** 沖縄本土復帰／**七月** 田中角栄内閣発足／**九月** 日中共同声明（国交正常化で合意）
●一九七三（昭和四八）年			

三月 東京本社産業部に異動。電子・通信機器産業担当

二月 円の変動相場制移行／四月日本政府が電子計算機の輸入自由化を閣議決定／**五月** 東芝が日本初のマイコン発売／**一〇月** 大規模小売店舗法公布／第一次オイルショック

八月 金大中事件

●一九七四（昭和四九）年

電子・通信機器産業担当

一月 消費者物価の暴騰続く（狂乱物価）／**二月** 公取委が石油一二社と石油連盟にヤミカルテル破棄を勧告／**八月** 経企庁、成長経済を超えてと題する『経済白書』を発表／**一一月** ＩＥＡ（国際エネルギー機構）発足／**一二月** 日本政府が七四年度の経済見通しを改定（戦後初のマイナス成長）

四月 交通ゼネストで日本列島全面マヒ／**五月** 日本消費者連盟結成／コンビニエンスストア「セブン‐イレブン」が東京都豊洲に一号店出店／八月 大手ガス三社が政治献金廃止を決定／**一〇月** 『文藝春秋』が「田中角栄研究―その金脈と人脈―」（立花隆）を掲載／**一二月** 三木武夫内閣発足

●一九七五（昭和五〇）年

電子・通信機器産業担当

二月 経済対策閣僚会議、第一次不況対策一〇項目決定／**九月** 赤字国債の発行を認める特例法が成立

三月 山陽新幹線、新大阪・博多間全線開通

●一九七六（昭和五一）年

重電機・原子力産業担当。アジアの機械産業取材のため、韓国、香港、フィリピン出張

五月 安定成長志向の新経済五ヶ年計画を日本政府が決定／**八月** ＮＩＥＯ（新国際経済秩序）発足

二月 米上院多国籍企業小委公聴会でロッキード汚職暴露／**五月** 熊本地検、水俣病の責任につきチッソの元幹

部を起訴（四大公害事件で初の刑事訴追）／**一一月** 毎年度の防衛費をGNPの一パーセント以内が政府決定／**一二月** 福田赳夫内閣発足

●一九七七（昭和五二）年

重電機・原子力産業担当

三月 EC首脳会議が対日貿易宣言を採択／**四月** 日本製カラーテレビの輸出自主規制で日米政府間合意／**五月** 二〇〇カイリ漁業水域法公布／**一〇月** 日本政府、円高緊急物価対策を決定／**一一月** OECD経済政策委員会、景気拡大策で対日要望続出

四月 国鉄、五万に合理化案を運輸省に提出／**五月** 警視庁、マルチ商法を初摘発／新東京国際空港公団が滑走路南端の高鉄塔二基を抜き打ち撤去／**九月** 東海村核再処理工場試運転開始

●一九七八（昭和五三）年

石油・電力担当。原子力産業取材のためスウェーデン、西ドイツ、フランス、英国、米国に出張

五月 新日鉄、上海宝山製鉄所建設の大型プラント輸出議定書に調印／**六月** 佐世保重工救済策を大蔵省が発表／**一一月** 米国が緊急ドル防衛策を発表／日本の半導体メーカー八社の訪米使節団と米業界が半導体セミナー（日米半導体戦争）／**一二月** 中国が改革開放政策決定

五月 希望退職など企業の人員削減が本格化／**八月** 大蔵省がサラ金業者への指導・監督強化方針を決定／**一二月** 大平正芳内閣発足

●一九七九（昭和五四）年

石油・電力担当

二月 第二次オイルショック／**三月** 米スリーマイル島で原発事故／**一二月** 前川春雄、第二四代日銀総裁

八月 政府、一般消費税の八〇年度導入を決定

【一九八〇年代】

●一九八〇（昭和五五）年

エネルギー産業取材のためカナダ・米国出張のあと、東京本社編集局経済部に異動。通産省記者クラブ在籍。中国に出張、北京、大同、上海事情を取材

一月 本田技研工業、米オハイオ州に小型自動車生産工場建設を発表／**二月** トヨタ自動車、対米自動車輸出抑制を表明／**三月** 富士通、電算機売上で日本ＩＢＭを抜いて業界首位に／**五月** 日米自動車摩擦で米製部品の八〇年輸入額を三〇〇億円に拡大することを通産省が発表

一月 自衛隊の宮永幸久陸将補三名をソ連大使館に情報提供した容疑で警視庁が逮捕／**四月** 日本政府、モスクワ五輪不参加を決定／**七月** 鈴木善幸内閣発足

●一九八一（昭和五六）年

通産省と外務省の記者クラブに在籍

三月 緊縮財政方針を政府決定／**四月** レーガン米大統領、日本に輸出自主規制と市場開放を要求／**五月** 日米自動車協議で対米輸出自主規制実施で決着／**一二月** 米ビック・スリー、一斉に工場閉鎖・大量レイオフを発表

三月 中国残留孤児四七人が初の正式来日／臨時行政調査会（第二臨調、土光敏夫会長）が初会合

一九八二（昭和五七）年

日米通商摩擦取材のため米国出張ののち、日銀・金融機関担当キャップ。日銀記者クラブ在籍

四月 電電公社が米IBM電算機導入決定、政府機関で外国機種の門戸開放／**六月** IBM電算機情報を不法入手した日立・三菱社員をFBIが逮捕（IBM産業スパイ事件）／**八月** メキシコが対外債務危機的状況

七月 歴史教科書問題で中国から抗議・訂正要求を受ける／**一一月** 中曽根康弘内閣発足

一九八三（昭和五八）年

日銀記者クラブ在籍

一〇月 日本政府、経常収支の黒字減らしと内需拡大を狙いとする総合経済対策を決定／**一二月** 通産省事務次官、景気は底を離れて上昇局面に入ったと言明

一月 中曽根康弘首相、施政方針演説で「戦後史の転換点」を強調／**四月** 東京ディズニーランド開園／**一〇月** ロッキード事件丸紅ルートで東京地裁判決、田中角栄に懲役四年、追徴金五億円

一九八四（昭和五九）年

三月 ワシントン支局に異動

一月 牛肉・オレンジなどの市場開放をめぐる日米農産物交渉／**七月** 核燃サイクル三施設を青森県六ヶ所村に一括建設する方針を電力業界が決定／**一二月** 澄田智 第二五代日銀総裁／電電公社民営化三法案公布

九月 日米諮問委員会、自衛隊の海外派兵を求める報告書提出

●一九八五（昭和六〇）年		
ワシントン支局	**一月** 貿易不均衡問題でＭＯＳＳ協議開始／**三月** 日本電信電話会社（ＮＴＴ）創立／**九月** プラザ合意	**五月** 男女雇用機会均等法成立／**六月**「投資ジャーナル」グループの中江滋樹元会長等を警視庁が逮捕／**七月** 中曽根首相、党のセミナーで「戦後の総決算」論を展開／**八月** 日航ジャンボ機墜落、五二〇人死亡
●一九八六（昭和六一）年		
ワシントン支局	**七月** 日米半導体交渉が最終合意／**一二月** 新日鉄・神戸製鋼・川崎製鉄が初の従業員一時休業	**八月** 後藤田正晴官房長官、閣僚の靖国神社参拝を自粛要請／**九月** 自民党、党則を改定し中曽根康弘首相の総裁任期を一年間延長
●一九八七（昭和六二）年		
ワシントン支局	**二月** ＮＴＴ株上場、買い注文殺到で初値つかず／ルーブル合意／**三月** 邦銀の海外資産が米国を抜いて世界一位とＢＩＳが報告／**五月** 内需拡大と輸入増加の緊急経済対策を経済閣僚会議が決定／**一〇月** ニューヨーク株式市場大暴落（ブラック・マンデー）	**四月** 国鉄分割・民営化／**五月** ココム違反で東芝機械を通産省が処分／**一一月** 全日本民間労働組合連合会（連合）発足

●一九八八（昭和六三）年

三月 帰国、東京本社経済部次長。アジア経済取材のため中国、タイ、インドネシアに出張

四月 少額貯蓄非課税制度（マル優）の原則廃止／**六月** 牛肉・オレンジの輸入自由化／**七月** BIS、加盟国の国際的銀行の自己資本比率八パーセント以上に決定／**八月** 米上院、包括貿易法案（スーパー三〇一条）を圧倒的多数で可決／**一二月** 消費税導入の法案成立

六月 リクルート事件発覚

●一九八九（昭和六四、平成元）年

経済部次長兼編集委員

九月 日米構造協議の第一回会合／ソニー、米大手映画会社コロンビア社をM&A

一月 昭和天皇崩御、元号が平成へ／**一〇月** 政府は外国人単純労働者を受け入れない方針を固める／**一一月** 総評解散

【一九九〇年代】

●一九九〇（平成二）年

経済部次長兼編集委員。日米問題取材のため、日米を頻繁に往復。東西ドイツ、ソ連に出張し、冷戦後を取材

三月 不動産向け融資の総量規制を大蔵省が金融機関に通知

一月 大学入試センター試験始まる／**一一月** 雲仙普賢岳、約二〇〇年ぶりに噴火

●一九九一（平成三）年

経済部次長兼編集委員

一月　中堅商社イトマンの河村良彦社長解任／**六月**　野村證券、大口投資家への損失補填露見／**七月**　野村・日興・大和・山一の証券大手四社に、大蔵省が営業自粛処分

六月　AT車専用の限定免許制度の導入を警察庁が決定／東北・上越新幹線、東京駅乗り入れ

●一九九二（平成四）年

経済部次長兼編集委員

六月　東証平均株価が終値で一万六〇〇〇円を割る／**一二月**　日銀が一一月の企業短観で主要製造業の業況判断指数がマイナス四四と発表。第一次石油ショック以来の低水準（九〇年代不況）

四月　国家公務員の週休二日制決定／**六月**　国連平和維持活動（PKO）協力法公布／**七月**　東京—山形を結ぶミニ新幹線「つばさ」開業

●一九九三（平成五）年

経済部編集委員。日米摩擦取材で日米間を頻繁に往復

一月　バブル期の不良債権処理のため株式会社「共同債権買取機構」設立／**二月**　クリントン米大統領が「日本問題」で対日圧力をかけ続けると表明／**六月**　経企庁、「景気はおおむね底入れ」との判断を示す／**一一月**　欧州連合条約発効、EC（欧州共同体）からEU（欧州連合）へ

五月　日本初のプロサッカー「Jリーグ」開幕／マイクロソフト社、「ウィンドウズ日本語版」を発売／**六月**　宮澤喜一内閣不信任案可決／自民党分裂、羽田孜や小沢一郎らが新政党を結党／**八月**　細川護熙連立内閣成立

●一九九四（平成六）年

経済部編集委員

一月 北米自由貿易協定（NAFTA）発効／**二月** クリントン米大統領、市場開放で日本の官僚体質を批判／**三月** クリントン米大統領、スーパー三〇一条を復活する大統領命令に署名

二月 細川首相、未明の記者会見で国民福祉税構想を発表／**四月** 高速増殖炉「もんじゅ」初臨界／**六月** オウム真理教、松本サリン事件／村山富市内閣誕生、自・社・さきがけ三党連立内閣／**一〇月** 大江健三郎、ノーベル文学賞受賞

●一九九五（平成七）年

五月 米国の「アジア財団」シニアフェローとしてサンフランシスコ滞在。シリコンバレーを頻繁に訪問

一月 WTO（世界貿易機構）がGATTを引き継いで発足／**八月** 第二地銀最大の兵庫銀行、信組最大規模の木津信組が経営破綻／**九月** 大和銀行ニューヨーク支店の嘱託行員を米国債不正売買で米連邦地検が逮捕（大和銀行事件）／**一二月** 住専七社を整理・精算するための処理案を政府が決定

一月 阪神淡路大震災、死者六四三四人／**三月** オウム真理教による地下鉄サリン事件／國松孝次警察庁長官、狙撃され重体

●一九九六（平成八）年

三月 香港支局に支局長として赴任

一月 公取委、特殊会社設立を「原則自由」にすると表明（持株会社解禁）／**一一月** 橋本首相、日本版金融ビッグバン構想を発表

一月 自・社・さきがけの橋本龍太郎内閣発足／**一一月** 日経連、就職協定の九七年度廃止を表明

●一九九七（平成九）年

香港支局。台湾、マカオ、広東省に頻繁に出張

二月 橋本首相、増税なき財政再建を表明／**三月** 野村證券の総会屋への利益供与が発覚／**四月** 消費税引き上げ（八九年導入以来初）／**六月** ＮＴＴを分割するＮＴＴ関連三法が成立／**七月** 香港返還、英国から中国に返還で一国二制度を採用／アジア通貨危機、タイのバーツがドル連動から変動相場制に移行して大下落／**九月** 日本提案の「アジア通貨基金（ＡＭＦ）」設立構想、ＩＭＦ理事会で頓挫／**一一月** 北海道拓殖銀行、都銀初の経営破綻／山一證券、自主廃業を決定（破綻）

三月 秋田新幹線「こまち」開業／**八月** 動燃東海事業所で大量の放射性物質漏出／**一〇月** 長野新幹線「あさま」開業

●一九九八（平成一〇）年

香港支局。アジア通貨危機取材のためタイ、シンガポール、マレーシア、インドネシアを巡回

一月 大蔵省、銀行の不良債権七六・七兆円と発表／**五月** ＡＰＥＣ蔵相会議、「アジア経済危機が最悪期を脱した」との共同声明／日本の失業率、初の四パーセント台に突入（総務庁調査）／**六月** 金融監督庁発足／**八月** ロシア通貨切り下げ、五〇

一月 三塚博蔵相、大蔵省腐敗（銀行からの接待）の責任をとって辞任／**三月** 特定非営利活動促進法（ＮＰＯ法）成立／松下康雄日銀総裁、過剰接待で辞任／**四月** 民主党結成／**七月** 小渕恵三内閣発足／**九月** 航空業界の自由化

パーセント下落許容で外為市場取引全面停止（ロシア経済危機）／**一〇月**　長銀の一時国有化を閣議決定（長期系銀行の終焉）／**一二月**　金融再生委員会

●一九九九（平成一一）年

三月　東京本社に異動、編集局編集委員。通貨危機後のアジア取材のため、インドネシア、マレーシア、タイに出張

一月　EU、通貨統合（ユーロ）開始／**三月**　日産自動車、ルノーの傘下入りを正式発表／**八月**　韓国四大財閥のひとつ大宇の解体／**一一月**　東京証券取引所にベンチャー企業向け株式市場「マザーズ」を開設

一月　東急百貨店日本橋店、三三六年の歴史に幕／自民党、自由党連立の小渕改造内閣発足／**七月**　中央省庁再編関連法が成立／**九月**　国内初の臨界事故、茨城県東海村の民間ウラン燃料加工施設「JOC」

【二〇〇〇年代】

●二〇〇〇（平成一二）年

東京本社編集委員

七月　金融監督庁から「金融庁」に改組／**八月**　ゼロ金利政策政策を日銀金融政策決定会合で解除／**九月**　国内初の金融持株会社「みずほHD」発足（第一勧銀・富士・興銀）

四月　小渕首相、脳梗塞で倒れて昏睡状態に。小渕内閣総辞職／森喜朗内閣、自・公・保守の三党連立内閣／**六月**　雪印乳業食中毒事件／**一二月**　BSデジタル放送が開始

●二〇〇一（平成一三）年

編集委員、日本経済研究センター欧米研究会座長を兼ねる。米国に長期出張

一月　内閣府に経済財政諮問会議を設置、官邸主導の経済財政運営のた

四月　小泉純一郎内閣発足／**六月**　完全失業率が初めて五パーセント台（厚

	し、日米関係を取材	め／**三月** 日銀が量的緩和政策を開始／**九月** 米国で同時多発テロ発生／**一一月** WTO、中国の加盟承認	労省発表）／**九月** 千葉県で国内初の狂牛病の疑い（農水省発表）／**一二月** 北朝鮮の工作船と海上保安庁巡視船が銃撃戦
●二〇〇二（平成一四）年	編集委員、日本経済研究センター欧米研究会座長	**二月** 総合デフレ対策を政府が決定／**五月** 日本経済団体連合会（日本経団連）が発足（経団連と日経連が統合）／**六月** 米長距離通信二位のワールドコム社の粉飾決算発覚し経営破綻（ITバブル崩壊）	**一〇月** 小柴昌俊東大名誉教授がノーベル物理学賞、田中耕一（島津製作所）がノーベル化学賞を受賞／北朝鮮による拉致事件被害者五人が帰国
●二〇〇三（平成一五）年	編集委員、日本経済研究センター欧米研究会座長。早稲田大学政治経済学部非常勤講師	**三月** 福井俊彦、日銀第二九代総裁に就任	**三月** 米英がイラク戦争開始、小泉首相が支持表明／**一〇月** 首都圏四都県でディーゼル車走行規制開始／**一二月** 自衛隊のイラク派遣
●二〇〇四（平成一六）年	編集委員、日本経済研究センター欧米研究会座長。早稲田大学政治経済学部非常勤講師	**二月** 日本の企業連合とイラン政府、アザデガン油田開発で調印／**四月** 米通商代表部、中国との通商摩擦案件急増で「中国部」復活を発表	**一月** 鳥インフルエンザ、七九年ぶりに国内確認

●二〇〇五（平成一八）年

編集委員、日本経済研究センター欧米研究会座長。早稲田大学政治経済学部非常勤講師

七月 中国、対ドルレートを二パーセント切り上げ（人民元切り上げ）／**九月** 政府保有のNTT株売却完了を財務省が発表

二月 NTTドコモ、PHS事業からの撤退を発表／**一二月** 狂牛病で輸入停止だった北米産牛肉の輸入再開

●二〇〇六（平成一九）年

一〇月 日本経済新聞社を定年退職／**一二月** 産経新聞社の特別記者・編集委員に就任。早稲田大学政治経済学部非常勤講師

七月 銀行が過去最高の収益、全国銀行協会が加盟行の〇六年三月期決算を発表／**一一月** 戦後最長の景気拡大局面と内閣の月例経済報告（いざなぎ超え）

一月 ライブドアの堀江貴文社長を証券取引法違反容疑で東京地検特捜部が逮捕／**六月** 村上ファンドの村上世彰をニッポン放送株のインサイダー取引で東京地検特捜部が逮捕／福井日銀総裁の村上ファンドに一〇〇〇万円出資が判明／**九月** 安倍晋三内閣発足

●二〇〇七（平成一九）年

産経新聞特別記者・編集委員。早稲田大学政治経済学部非常勤講師。米国事情取材のため米国出張

二月 中国株急落ショックで世界同時株安／**七月** サブプライムローン問題で世界の株式市場急落

一月 日本方式の台湾新幹線開業／**三月** 北海道夕張市、財政再建団体に移行／**四月** 社会保険庁、年金記録漏れを発表／**九月** 安倍首相が辞任表明、福田康夫内閣発足／**一〇月** 日本郵政グループがスタート

●二〇〇八（平成二〇）年

産経新聞特別記者・編集委員兼論説委

一月 米国が一五〇〇億ドル規模の

六月 秋葉原無差別殺害事件／**九月**

員。早稲田大学政治経済学部非常勤講師	景気対策／**三月**　東京外為市場で一二年ぶりに一ドル＝一〇〇円突破の円高／**四月**　白川方明、第三〇代日銀総裁に就任／**九月**　米証券四位のリーマン・ブラザーズが経営破綻（リーマンショック）	麻生太郎内閣発足／**一〇月**　大量の派遣切り始まる／南部陽一郎がノーベル物理学賞、小林誠・益川敏英がノーベル化学賞を受賞
●二〇〇九（平成二一）年 産経新聞特別記者・編集委員兼論説委員。早稲田大学政治経済学部非常勤講師	**一月**　上場株券の電子化が完了／アイスランド、金融危機で政権崩壊／**一〇月**　企業再生支援機構が業務開始	**七月**　完全失業率、調査開始以来最悪の五・七パーセント（総務省発表）／**九月**　鳩山由紀夫内閣発足（民主・社民・国民三党連立政権）／**一〇月**　日本航空（JAL）、政府管理下に入る

【二〇一〇年代】

●二〇一〇（平成二二）年 産経新聞特別記者・編集委員兼論説委員	**四月**　G20、世界経済の予想以上の回復が進展との共同声明発表／**一〇月**　日銀、包括的金融緩和策を決定、四年ぶりにゼロ金利復活	**一月**　JAL、会社更生法申請（破綻）／**一〇月**　羽田空港、三二年ぶりに国際定期便の本格運用開始／根岸英一・鈴木章がノーベル化学賞受賞／**一二月**　東北新幹線全線開通
●二〇一一（平成二三）年 産経新聞特別記者・編集委員兼論説委員	**一〇月**　タイ、大規模洪水で主要工業団地が冠水	**三月**　東日本大震災発生／**九月**　野田佳彦内閣発足

●二〇一二（平成二四）年 産経新聞特別記者・編集委員兼論説委員。早稲田大学政経大学院非常勤講師	**二月** 日銀、事実上のインフレ目標を導入した追加的金融緩和策を決定／**八月** ロシアがWTO加盟／**一〇月** 欧州安定メカニズム（ESM）発足／**一一月** 東京証券取引所と大阪証券取引所が合併正式合意	**四月** 石原慎太郎東京都知事、都が沖縄県尖閣諸島の購入を表明→九月に尖閣諸島国有化／**一二月** 第二次安倍晋三内閣発足
●二〇一三（平成二五）年 産経新聞特別記者・編集委員兼論説委員。早稲田大学政経大学院非常勤講師	**一月** 復興特別所得税導入／**二月** 白川日銀総裁、辞意表明／**三月** 黒田東彦、第三一代日銀総裁就任／**四月** 日銀、異次元緩和を柱とする金融政策を決定／安倍首相、アベノミクスの概要発表	**四月** インターネット選挙運動が解禁／**九月** 二〇二〇年夏季オリンピック開催都市に東京が選出
●二〇一四（平成二六）年 産経新聞特別記者・編集委員兼論説委員。早稲田大学政経大学院非常勤講師	**一月** 少額投資非課税制度（NISA）開始／四月 消費税、五パーセントから八パーセントへ／**七月** BRICS銀行（新開発銀行）設立	**四月** 防衛装備移転三原則を閣議決定
●二〇一五（平成二七）年 産経新聞特別記者・編集委員兼論説委員。早稲田大学政経大学院非常勤講師	**九月** アベノミクス第二弾を安倍首相が打ち出す／**一二月** ASEAN	**六月** 選挙年齢を一八歳以上に引き下げの改正公職選挙法成立／**九月** 安全

	共同体発足	保障関連法公布／**一〇月** 大村智、ノーベル医学生理学賞受賞／マイナンバー法施行
●二〇一六（平成二八）年 産経新聞特別記者・編集委員兼論説委員。早稲田大学政経大学院非常勤講師	**二月** 日銀、マイナス金利開始／**六月** 英国、EU離脱の国民投票、離脱票が半数上まわる	**三月** 北海道新幹線開業／**八月** 天皇陛下、生前譲位のご意向
●二〇一七（平成二九）年 産経新聞特別記者・編集委員兼論説委員。早稲田大学エクステンションスクール講師	**六月** トランプ米大統領、地球温暖化対策の国際枠組み「パリ協定」からの離脱正式表明／**七月** 日本と欧州連合（EU）が経済連携協定で大枠合意	**二月** 森友学園への国有地売却が問題化／**三月** 加計学園問題で国会論戦始まる
●二〇一八（平成三〇）年 産経新聞特別記者・編集委員兼論説委員。早稲田大学エクステンションスクール講師	**一〇月** 環太平洋経済連携協定（TPP）が一二月三〇日に発効と政府が発表	**七月** 統合型リゾート（IR）実施法成立／**一〇月** 本庶佑、ノーベル生理学・医学賞受賞
●二〇一九（平成三一、令和元）年 産経新聞特別記者・編集委員兼論説委員。早稲田大学クステンションスクール講師	**一〇月** 消費税が八パーセントから一〇パーセントへ	**五月** 今上天皇即位、「令和」に改元

【二〇二〇年代】

●二〇二〇（令和二）年

産経新聞特別記者・編集委員兼論説委員。早稲田大学エクステンションスクール講師	**四月** 新型コロナウイルス感染症で七都府県に緊急事態宣言発令	**二月** 新型コロナウイルス感染症を「指定感染症」に指定／安倍首相、新型コロナウイルス感染症のため全国小中学校・特別支援学校の一斉臨時休校を要請／**九月** 菅義偉内閣発足

●二〇二一（令和三）年

産経新聞特別記者・編集委員兼論説委員。早稲田大学エクステンションスクール講師	**九月** 中国と台湾がＴＰＰ（環太平洋連携協定）への加入を正式申請	**七月** 東京オリンピック／**八月** パラリンピック開催／**九月** 岸田文雄内閣発足／デジタル庁正式設置／**一〇月** 真鍋淑郎、ノーベル物理学賞

●二〇二二（令和四）年

産経新聞特別記者・編集委員兼論説委員。早稲田大学エクステンションスクール講師	**二月** ロシアがウクライナに武力侵攻、世界的な物価暴騰を招く／**四月** 東京証券取引所、新市場区分「プライム」「スタンダード」「グロース」がスタート	**四月** 改正民法施行、成年年齢を一八歳に引き下げ／**七月** 安倍晋三元首相暗殺

田村秀男（たむら・ひでお）
産経新聞特別記者・編集委員兼論説委員。昭和21（1946）年、高知県生まれ。昭和45（1970）年、早稲田大学政治経済学部経済学科卒業後、日本経済新聞社に入社。ワシントン特派員、経済部次長・編集委員、米アジア財団（サンフランシスコ）上級フェロー、香港支局長、東京本社編集委員、日本経済研究センター欧米研究会座長（兼任）を経て、平成18（2006）年、産経新聞社に移籍、現在に至る。主な著書に『日経新聞の真実』（光文社新書）、『人民元・ドル・円』（岩波新書）、『経済で読む「日・米・中」関係』（扶桑社新書）、『日本再興』（ワニブックス）、『アベノミクスを殺す消費増税』（飛鳥新社）、『日本経済は誰のものなのか』（共著・扶桑社）、『経済と安全保障』（共著・育鵬社）、『日本経済は再生できるか』（ワニブックス【PLUS】新書）がある。

現場記者50年の証言
現代日本経済史

発行日　2023年5月10日　初版発行
　　　　2023年7月5日　2版発行

著　　者　田村秀男
発 行 者　佐藤俊彦
発 行 所　株式会社ワニ・プラス
〒105-8482
東京都渋谷区恵比寿4-4-9 えびす大黑ビル7F
発 売 元　株式会社ワニブックス
〒105-8482
東京都渋谷区恵比寿4-4-9 えびす大黑ビル
ワニブックスHP　https://www.wani.co.jp
（お問い合わせはメールで受け付けております。
HPより「お問い合わせ」にお進みください）
※内容によりましてはお答えできない場合がございます。
装　　丁　新 昭彦（Two Fish）
編集協力　前屋 毅
ＤＴＰ制作　株式会社ビュロー平林
印刷・製本　中央精版印刷株式会社

本書の無断転写・複製・転載・公衆送信を禁じます。落丁・乱丁本は
㈱ワニブックス宛にお送りください。送料小社負担にてお取替えいたします。
ただし、古書店で購入したものに関してはお取替えできません。

©Hideo Tamura 2023
Printed in Japan ISBN 978-4-8470-7295-6